"院园合一"机制下
跨境电商工作室制人才培养

"'院园合一'机制下基于工作室的
跨境电商人才培养实践研究"项目组　著

中国海洋大学出版社
·青岛·

图书在版编目（CIP）数据

"院园合一"机制下跨境电商工作室制人才培养／
"'院园合一'机制下基于工作室的跨境电商人才培养实
践研究"项目组著 . -- 青岛：中国海洋大学出版社，
2020. 7（2021.5 重印）

ISBN 978-7-5670-2484-7

Ⅰ. ①院… Ⅱ. ①院… Ⅲ. ①高等学校－电子商务－
产学合作－人才培养－研究－中国 Ⅳ. ① F724. 6

中国版本图书馆 CIP 数据核字（2020）第 053586 号

出版发行	中国海洋大学出版社	
社　　址	青岛市香港东路 23 号　　邮政编码　266071	
出 版 人	杨立敏	
网　　址	http://pub.ouc.edu.cn/	
电子信箱	1922305382@qq.com	
订购电话	0532-82032573（传真）	
责任编辑	邵成军　　　　　　　　电　　话　0532－85902533	
印　　制	日照日报印务中心	
版　　次	2020 年 7 月第 1 版	
印　　次	2021 年 5 月第 2 次印刷	
成品尺寸	170 mm × 240 mm	
印　　张	14. 25	
字　　数	250 千	
印　　数	1～1 000 册	
定　　价	50. 00 元	

山东省高等教育本科教改项目

"院园合一"机制下基于工作室的跨境电商人才培养实践研究

（项目编号:Z2018S016）

项 目 负 责 人:梁忠环
团队主要成员:于振邦　李　燕　齐伟伟　鞠　萍　胡登龙
　　　　　　　赵　磊　张春梅　王光颖　齐晓明　孙守强

Preface
前　言

2014 年以来，以省级教改课题立项为契机，本项目组负责人带领相关成员，开始探究"'院园合一'校企协同育人机制的构建与实践"；2018 年，两项研究成果获得了山东省教学成果奖；自 2018 年起，在"院园合一机制"研究成果的基础上，项目组又获批山东省省级教改重点课题立项。由此，我们有了继续探究"'院园合一'机制下跨境电商工作室制人才培养"的动力。为达到十年树木、百年树人的实效目的，我们持续验证应用型人才培养的实践路径，并继续以毕业生走向社会后三年、五年乃至十年时间的真情反馈，进一步验证"'院园合一'机制下的跨境电商工作室制人才培养"成效。

应用型人才培养有没有规律可循呢？产教融合、校企合作、工学结合、知行合一就是规律。正如现代管理学之父彼得·德鲁克所认为的那样："管理是一种实践，其本质不在于'知'，而在于'行'。"关键是如何落实产教融合，而"产业园 + 专业学院"融合机制下的"院园合一"就是行之道。办教育也是办环境，应用型人才培养的关键是"办'产教融合'的环境"。学工置于工厂，学农置于农场，学跨境电商置于跨境电商工业园，着力于构建"学业 + 产业 + 创业"三业融合的人才培养模式，铺筑以创造之教育培养创造之人才之路。

"院园合一"校企协同的应用型人才培养有没有落地的具体抓手呢？环境职业化、教学情景化、内容项目化、导师"双师化"、成果社会化的工作室就是落地实施之举。工作室是理实一体化具体教学形式，是产教融合实施的基本单元和载体。以跨境电商行业典型工作任务教学生学，围绕做来

1

教,围绕做来学,是真教、真学。对于地方院校的毕业生而言,他们没有学校的金字招牌,要更多地依靠高超的技术技能水平来赢得社会的认可和尊重,而高超的技术技能不是教会的,是练会的!工作室就是应用型人才的一个练兵场,而且工作室契合了高等教育综合改革的突破口——创新创业教育,使跨境电商类的创新创业教育由理想变为现实,把学生跨境电商的学习作品变成市场商品,把成果放到市场上去检验。在市场上检验的商品不能有花架式、虚把式,一招一式都需要市场的认可,是真枪实弹的实践教学,真正落实了"教育与生产劳动相结合"的教育方针。

实践证明,"院园合一"校企协同育人机制下的工作室对于跨境电商专业发展、师资队伍建设和人才培养是适用且实用的。跨境电商跨越了工学、管理学、经济学、文学等学科门类,跨越了教育与职业、学校与企业的界限,学科交叉融合、产教融合、创新创业是其生命力,在工作室真实的跨境电商业务中凸显了"外语+"的刚性需求,实现了跨境、跨未来的国际化人才培养目标。在推进跨境电商工作室国际化、应用型人才培养的过程中,关键是师资。师资从何处来?它需要从真实工作环境中来。参与课题的老师们既是行动的研究者,又是研究的行动者。他们以理论研究升华行动、指导工作实践,以实际行动验证理论、丰富实践并增长才干,实现了教学相长、教学做一体。

课题研究持续进行探索的过程,是师生团队不断试错的成长过程。我们享受这个"0到1"的过程,分享实践育人心得,课题本身的研究结果显得不再重要。因为人才培养是无价的,"得天下英才而教育之"是快乐的,诚如陶行知在《创造宣言》中所言:"先生之最大的快乐,是创造出值得自己崇拜的学生。"学生的笑脸就是我们工作的动力。所以在本书中特意加上了"'院园合一'机制下跨境电商工作室制人才培养典型案例"部分,作为压轴之作,表明我们所有工作的出发点和归属就是人才培养。值得庆幸的是,工作室涌现了一批优秀学子,他们是我们的骄傲和奋斗的源泉,不断促使我们落实学生发展为本的理念,行在路上,也创在路上……我们深知实践中尚存在不少现实问题,需要持续改进。

感谢我们的团队,本书是集体智慧的结晶。在项目负责人的带领和指导下,团队成员们精诚合作,集思广益,知行合一,使整部著作得以顺利完成。于振邦老师负责全书的组稿、各个章节的校改及整体架构的完善工作,并完成了跨境电商人才核心竞争力提升策略、应用型"专创"人才培育增效策略和基于工作室的跨境电商双语人才培养实践等主题内容的撰写；齐伟伟老师就跨境电商应用型"卓越人才"的培养路径进行了探析，并提供了师生同创工作室中相关学生的典型案例；李燕老师较为全面地对基于工作室的跨境电商应用型人才培养实践展开了研究；鞠萍和李宜伟两位老师则围绕着"互联网＋"背景，探讨了项目植入式教学在跨境电商中的应用和基于工作室的大学生跨境电商创业模式……项目组也以开放融通的态度吸纳了一些致力于工作室建设路径和创新型教育模式研究的人员的宝贵建议，科学布局并有效充实了整个项目的框架和内容。

　　本书由 3 篇组成：上篇部分共有 5 章内容，为"院园合一"校企协同育人机制构建，是项目组经过长期实践研究积累并沉淀下来的成果；中篇部分共有 16 章内容，为"院园合一"机制下跨境电商工作室制人才培养实践，其中第 6 章和第 7 章由梁忠环老师和张春梅老师撰写完成，第 8 章、第 13 章和第 16 章由于振邦老师撰写完成，第 11 章和第 17 章由鞠萍老师和李宜伟老师共同撰写完成，第 12 章和第 19 章由赵磊老师撰写完成，第 9 章、第 10 章、第 14 章、第 15 章、第 18 章、第 20 章和第 21 章分别由胡登龙老师、李燕老师、齐伟伟老师、王光颖老师、张永彬老师、俞志强老师和齐晓明老师撰写完成；下篇部分共包含 10 章内容，为"院园合一"机制下跨境电商工作室制人才培养典型案例，撰写指导者为师生同创工作室的负责老师。项目组特此对"0 到 1"创客工作室鞠萍老师，乐行跨境电商工作室齐伟伟老师，元锦文化工作室韩春磊老师，童装工作室张童老师，营销创新工作室陈公行、张延军、薛莉莉、王世晔老师，创意工作室杨婷老师，云商海购创业工作室段然全老师，"小毛桃"软件创新工作室周瑞涛博士，跨境贸易工作室胡登龙老师和启航创业工作室石淑翠老师的辛勤实践深表敬意！

　　虽然项目组各位成员来自不同的部门，拥有不同的学科背景，且从不同视角阐述并践行着"'院园合一'机制下跨境电商工作室制人才培养"，但大家育人的目标一致，同心同德同发展，合力聚焦，各自带领学生团队组建工作室，躬身实践，可敬可佩！大家相约年年复盘，将反思总结文章结集出版，不在于水平有多高，而在于行动有多少，谨以此纪念我们共同付出的芳华岁月。

梁忠环
2019 年 10 月 10 日

Contents
目　录 ●

上篇

"院园合一"校企协同育人机制构建

第1章

"院园合一"校企协同育人有关概念界定

应用型人才培养需要坚持开放协同、跨界融合和实践育人的理念，"院园合一"校企协同育人机制通过不断优化资源配置，加大机构调整和机制改革的力度，不仅成为校企双方践行实践教育理念和提升创新实效的途径，更在新的时代召唤着人们对于学科融合、产教协同和知行合一等进行深层次探索。本章内容基于核心概念的界定，在"互联网+"思维、协同育人平台构建和"双师型"师资队伍打造等方面进行了细致的解读。

1.1 何为"院园合一"校企协同育人

"高校和企业本是两类在价值观、社会定位、功能职责、演进和发展逻辑方面都存在巨大差异的组织。"（林健，曾钰，2014）"院园合一"作为校企紧密合作的一种形式，"有利于校企双方形成既相互合作又保持相对独立性的组织"。通过"院园合一"构建校企协同机制，可"填平校企单个组织的'短板'或'缺口'，构建一种介于'内部化'组织和'市场化'组织之间的中间组织形态，使其兼具管理灵活性和行动目标一致性的特点"。（林健，曾钰，2014）

"协"，义为"众人之力"；"同"，义为"聚集""共同"和"相互"。现代汉语中的"协同"义为"相互配合，协同办理"，即协同两个或者两个以上的不同资源或个体一致地完成某一目标的过程或能力。协同论认为，所谓"协同"，是指系统要素之间的合作或步调一致的活动。为促进学生人格的培育、知识的积累、能力的提升,需要构建内外部、软硬件协同环境,需要学校内部协同、全员育人,需要开放办学,实现校校、校所、校地、校企之间的合作,整合优质资源,促进学生成长成才。这是学校教育由封闭办学走向开放办学、合作育人的过程,是教育的趋势和必然要求。协同育人包含学校内部党政团工妇协同,教育、教学、管理、服务等工作层面协同互动,也包括"学校与周围社会组织、环境之间利用各种合作、交流形式进行互动"。(张厚吉,2012)对高校而言,协同育人"要求高校之间以及学科之间的有效协同;要求高校与经济社会发展之间的有效协同;要求高校科研与人才培养的有效协同;要求高校体制机制改革的有效协同"。(张厚吉,2012)

校企协同育人是指校企双方在资源共享、优势互补、责任共担和利益共享的原则下,共同培养符合行业岗位需要的高素质应用型人才的过程或活动,是学校和企业各自发挥优势,"把以课堂传授间接知识为主的学校教学与直接获取实践经验和岗位能力的生产现场相结合的教育模式"。(胡家秀,郭琳,2004)在合作过程中,校企双方之间不是支配、控制关系,而是相互接纳、相互配合、共同参与的关系。本科高校产学研合作教育改革和职业教育订单培养已经探索了很多年,但松散的合作方式往往形式大于内容,严重制约了技能技术人才培养的质量。

"院园合一"即高校二级专业学院(目前我国高校大部分二级系已全部改为二级学院)和专业产业园合为一体,统一建制。其中,"校企协同"为手段,"院园合一"为路径,"协同育人"为目的。在学校体制机制层面,这样有效解决了校企合作中学校育人公益性与企业营利性之间的工学矛盾,形成了"学业 + 产业 + 创业"的办学模式,推进了人才培养精准化,实现了资源配置最优化。

1.2 校企协同再认识

对于学校而言,校企协同就是学校和企业合作进行人才培养的方式,也是一种全过程、一体化的育人模式,增强了人才培养的契合度。依托校企合作利益共同体,很多专业形成了校企一体,企业全程参与招生、培养和就业的育人新模式,具体表现为以下几点。一是校企共同制定招生章程,联合开展招生宣传,共同做好订单组班工作,确保按企业用人需求招生。二是依托双向融合的混编教学团队,校企共同设计人才培养方案、共同建设课程资源、共同开发教材、共同实施教学、共同评价培养质量,实现了企业对人才培养的全过程参与,建立了企业主导的人才质量评价制度。三是共同开展在校生的人才过程培养、岗前培训、顶岗实习、考核录用,帮助学生实现从入学到就业上岗的无缝衔接。通过这样的方式,建立学校和企业之间的联系,学校可以利用企业的资源优势,解决学生的实践教学和就业问题。同时,企业可以根据自身的需要对人才进行培养,获得更有力的人力资源储备,对企业的发展具有一定的促进作用。

校企协同的教学方式,可以提供给学生较多的直面生产和科研实践的机会,通过教学和实践的有机结合,对教学体系的漏洞进行完善,整合知识体系,直接地获取生产经验,从根本上改变现阶段滞后、被动的人才培养方式,提升人才的基本素质和整体能力,实现学校和企业的双赢。校企协同的主要途径,有校企协同教学、共建生产性实训实习基地、共同参与研发项目、共同进行教师队伍建设等。

校企协同培养人才,相对于传统的封闭式的教学方式是重大的进步,使学生在学校期间就可以进入社会,从而不断地提升自身的创新性思维和实践动手能力。对学校而言,学校引进了企业生产设备,提高了实践教学实效,有利于技术技能人才的培养。对于企业自身来讲,企业通过和学校的合作,获取了大量的人才资源,推动了产业结构的调整和技术的进步。

1.3 "互联网+"背景下校企协同育人模式

"互联网+"时代的关键词,是"开放、创新、跨界、共享、融合、生态"。以开放的胸怀、创新的思维、跨界的形态,打造共享的平台,构建融合发展的生态系统,这也是民办高校在"互联网+"背景下发展的必然选择。作为民办高校的青岛黄海学院,有必要树立"互联网+"思维,坚持合作共赢、风险共担、利益共享的原则,主动对接市场、对接社会,进行跨界合作,打造产教融合、校企合作平台和校企利益共同体,通过平台规则、平台运营机制,聚合双边或多边优质资源,完善相关利益方共赢的教育生态系统,探索建立"院园合一"校企协同育人机制,切实调动校企双方的积极性,提高人才培养质量。

1.3.1 搭建校企协同育人平台

青岛黄海学院作为应用型本科高校,立足于青岛西海岸新区的产业发展战略布局,瞄准推动传统企业转型升级和孵化小微企业的目标,积极与行业、企业合作,共同研发、合理设置课程,建立体现行业、企业特色的人才培养体系,规范人才培养的全过程,以切实提高人才培养质量。学校的优势在于政策、场地、学生资源、图书、教师等;企业的优势在于资金、实践经验、商品、渠道和营销平台。着眼于人才培养的需求,学校需要具有实践经验的教师和实景实训条件;着眼于业务拓展,企业需要专业的指导和成本可承受的学生劳动。校企之间的资源整合,实现了 1+1 > 2 的协同效应,搭建了育人平台,为学校提供了专业实训的条件,为企业提供了业务拓展的机遇。

青岛黄海学院与阿里巴巴国际站会员企业及淘宝网、天猫网、网易等知名进出口及电子商务互联网企业合作,共建了大学生就业创业教育实践平台,服务于区域经济发展,孵化小微企业。学校把 11 000 多平方米的场地改造装修成了一个个电商实训企业工坊,依托青岛市跨境电子商务协会和山东网商集团,引进阿里巴巴会员企业,为企业免费提供办公场所,匹配实习学生并免费给予注册、税务、法律、财会等方面的帮助,企业入驻积极性很高。为了推进校企无缝对接,青岛黄海学院大学生网上创业园与青岛黄海学院国际电子商务学院(现为国际商学院)合二为一,一套班子,两块牌子,"院园合一"。学校、行业、企业共同研究制定人才培养方案,共同参与人才培养方案的实施和考核。国际电子商务学院的学生基础课在教室上,专业课在企业工坊上,课余时间在企业导师的指导下,在实训工坊进行实战实训。在有些专业课上,学校实行了课岗融替和学分替代,即学生在企业的表现作为课程考核的依据,有效地保证了技能实训的实效性。学生直接与企业对接,通过自营淘宝店铺、外贸平台实操等多种形式实现校内实习和直接就业。

1.3.2 校企合作延伸育人环节

当前,校企合作的深度不够,在人才培养上合作,往往是学校热、企业冷,企业看重的是经济效益,大多数企业需要从高校招聘毕业生,但参与人才培养的积极性并不高。校企协同育人,需要着力打造校企利益共同体,通过延伸校企合作环节,将学校的学生变成企业的"员工",校企捆绑在一起,增加校企合作的黏性。通过基于创新、创业、创客的实训式人才培养模式，让学校的学生成为企业潜在的员工，学生培养的好坏直接关系企业员工素质的高低，这样企业才有参与人才培养的积极性和主动性。

企业用人延伸到学校，企业将自己的新员工培训前置到学校。青岛黄海学院建有大学生网上创业园，很多企业都设立了实训工坊，企业可以在这里培训自己的员工。企业根据自身业务发展的需求，制定员工培训的方案，与学校专业人才培养方案比对整合，形成更具针对性的培养方案，培养量身定做的应用型专业人才。学校育人延伸到企业，在企业实训的学生，既是学校的学生，也是企业的准员工。学校的教育服务要融入企业实训的全过程。学校具有社会服务的功能，也要主动承揽企业员工培训的任务，利用学校资源，为企业服务。例如，青岛黄海学院建立了儒商学堂，面向企业开展培训，提高企业员工的知识素养和专业技能，使校企合作关系更加紧密。通过行业协会的平台，实现专业链对接产业链，企业延伸企业，学校延伸行业，校企利益共同体更加紧密可靠。

1.3.3 校企合作共建"双师"队伍

"双师"队伍，即一名学校导师与一名企业导师组成的队伍。企业导师由企业专家担任，他们承担实践教学的任务。目前，大学生网上创业园已聘任30多位实践经验丰富的企业专家作为企业导师，充分利用他们的专业知识和丰富的实践经验，使之参与实践教学，指导学生实习实训。这样一支较稳定的"双师"队伍，不仅解决了实践教师缺乏问题，而且可以取长补短、相互促进，提高教师队伍整体的教学能力。企业导师结合学校人才培养要求，积极参与学校的创新创业教育、职业规划教育等，其中既有一对一的帮扶，也有团队式的辅导，既有课堂上的讲解，也有课堂外的分享与实践体验。企业导师的成功经验、成长经历，成为激励学生成才的现实教材。

学校定期组织学校导师和企业导师召开联席会，探讨人才培养问题和电商专业发展问题，共同参与人才培养的过程。青岛黄海学院大学生网上创业园电子商务专业的学生从大一开始，先学习设计思维基础，进行各种商品图片处理及首页、海报制作；大二的时候，学习内贸、运营、数据营销；大三时，学习外贸、速卖通和国际站；到了大四，学生被匹配入企，在企业导师的指导下，把之前培养的技能全部融入企业实训中，使学生在毕业时不仅具有了一定的学历资质，也具备了一些工作经验。

1.3.4 校企合作共建育人项目

企业有些项目受限于知识和人力资源,不能展开。学校有些项目受限于产品和渠道,不能展开。校企合作共同完成项目可实现资源共享,让学生在项目运作中得到锻炼,让教师在项目运作中提高技能,让企业在项目运作中选拔人才,实现经济效益。项目的实施,无非是实景实情条件下的人才实训,模拟不出来,描述不出来,只有参与了才能提高。根据学校的课程设置,联系企业专门开展的电商技能培训与实战演练活动,可通过电商培训、认定考试、模拟实战、实际操作 4 个环节,提升大学生通过互联网创业的综合实战能力和创新创业竞争力。

例如,2015 年青岛市人力资源和社会保障局为推进大学生创业"海鸥行动计划",鼓励大学生通过"互联网 +"创业,统一组织了大学生"互联网 +"创业实践活动。青岛市人力资源和社会保障局特聘请 5 位淘宝大学讲师,对参训学员进行了为期 3 天的电子商务知识培训,内容包括客服岗位实操、开设电商店铺的流程以及淘宝和天猫客服的有关知识。此次培训结束后,该局集中选拔了 1 000 多名在校大学生参加了相关实践活动,并担任品牌客服专员,利用"双 11"购物节为买家提供客服咨询。这 1 000 多名"客服君"有近 500 人来自青岛黄海学院,占总人数的近一半。"双 11"前夜,青岛黄海学院的"客服君"们登录进入魅族手机促销活动后台,半夜 12点刚过 6 分钟,魅族手机成交额便破亿。凌晨 2 点左右,成本额已经突破了3 个亿,总成交额中有一半多是线上客服转化过去的。经过大家连续 9 个小时的奋战,魅族手机销量和访问量等在天猫店手机品牌排行榜中位列第一。活动结束后,考核合格的参训学员获得了淘宝大学颁发的电商客服岗位专才结业证书。

总之,厘清"院园合一"校企协同育人的有关概念,对于精准地理解"院园合一"校企协同育人的内涵和意义有着不可忽视的作用,也更有利于发挥其在资源高效整合、平台合力构建和师资超强应用等方面的基础性铺垫与总体统领作用,从而进一步产生较为长效的实践动能。

第 2 章

"院园合一"校企协同育人的理论和实践溯源

追溯"院园合一"校企协同育人的理论之源、实践之源,旨在探寻知行合一人才培养的本真之所在。这里的"院园合一",作为一种追根溯源式的育人机制和实践导向,构建基于多种理论界定和实践场景的校企协同育人理念,也对高等教育协同育人体系中协同创新的渊源进行了有效探索。

2.1 基于教育与生产劳动相结合理论的"院园合一"校企协同育人

"院园合一"体现了辩证唯物主义认识论中"实践出真知"的核心思想,体现了教育的生产力本质,是教育和生产劳动在更高层次的一种融合形式。马克思在《资本论》中指出:"生产劳动同智育和体育相结合,它不仅是提高社会生产力的一种方法,而且是造就全面发展的人的唯一方法。"毛泽东同志在《工作方法六十条(草案)》中指出:"一切高等工业学校的可以进行生产的实验室和附属工场,除了保证教学和科学研究的需要以外,都应当尽可能地进行生产。"邓小平同志在 1978 年全国教育工作会议上指出:"各级各类学校对学生参加什么样的劳动,怎样下厂下乡,花多少时间,怎样同教学密切结合,都要有恰当的安排。更重要的是,整个教育事业必须同国民经济发展的要求相适应。不然,学生学的和将来要从事的职业不相适应,学非所用,用非所学,岂不是从根本上破坏了教育与生产劳动相结合的方针?"实现"教育与生产劳动相结合"需要两个主体,一是学校,二是企业,二者缺一不可,且是一个共生共荣的共同体。"院园合一"校企协同育人模式下专业学院的教育者把产业园内的产业引入课堂,与行业、企业合作培养学生,学生把学习知识与运用知识结合起来,在生产劳动中成长为合格的劳动者。

2.2 基于社会价值与经济价值统一的"院园合一"校企协同育人

学校育人公益性目的和企业生产营利性目的之间有内在追求的差异性,但二者在"在使用中培养人"上找到了利益共同点。"在使用中培养人",就是专业实践,就是要理论联系实际,在做中学,在实践中获取知识、技能和经验。企业使用人、培养人,是为了获取人力成本,追求经济利益最大化;学校培养人,是为了获取人才成本,追求在实践中实现育人社会效益最优化,教育培养人、成就人的价值是在工作单位"做事"过程中体现出来的。校企合作如果产生偏差,就会动摇双方合作的基础:偏向企业,重在用人,学校单纯以就业为导向,短期功利性目的凸显,学校育人就会失去话语权、主导性,实习学生在半工半读、订单培养和顶岗实习等校企合作模式下会演变成廉价的"学生工"。这种"人才培养"放大了教育理论中人的工具性,如此的校企合作很难持久,学校教育也谈不上什么人才培养质量。偏向学校,完全不顾及企业淡旺季的生产和用工需求,让企业围着学校人才培养转,则校企合作只是一头热,企业失去了积极性,学校在象牙塔内闭门造车,高素质应用型人才培养根本不可能落到实处。"院园合一"是高级有效的校企协同育人形式,其价值追求在于经济价值与社会价值的统一,并通过经济价值增值来促进社会价值的最大化,实现校企协同育人的社会效益。学校和企业围绕着人才培养,实现校企一体化,在一致的价值追求下,结合学校和企业双方需求,并根据专业发展,由学校自主创建产业园,使得入园的企业不但具有了生产企业的性质,更具有了教育企业的性质。实行"院园合一"模式,学校既拥有了办学的主动权,实现了两个主体单位即学校与企业的共生共荣,又能很好地规避社会上产业园的单纯营利性,还能实现公益性的育人,将工作落脚在人才培养上,通过教育与生产劳动相结合的手段,最终实现培养社会主义建设需要的合格人才之目的。

2.3 基于场域理论的"院园合一"校企协同育人

"'体验重于知识',这一条也是人生重要的原理原则。换句话说,'知'未必等于'会'。千万不要以为只要'知'就'会'了"。(稻盛和夫,2013)杜威(1990)说:"教育并不是一件'告诉'与'被告诉'的事情,而是一个主动的和建构性的过程。"心理学在学习领域可定论的东西不多,但毋庸置疑的是,"做中学"是最有效的学习方式。对应用型人才培养而言,"做中学"尤为必要,要坚决杜绝"在黑板上种庄稼、在讲台上开机器"的纸上谈兵,务必营造学场和职场一体化的人才成长环境,实现陶行知所说的"六解放"——解放学生的头脑,解放学生的眼睛,解放学生的嘴,解放学生的双手,解放学生的时间,解放学生的空间,让应用型人才冒出来。

布迪厄(1998)的场域理论认为:"每个人的行动均被行动发生的场域所影响,它既包括物理环境,也包括他人的行为以及与此相连的许多因素,而且这个场域是此时此地发生的。"将此理论运用到学生学习领域,即指学生学习力、学习习惯的培养是由学习环境影响的,既受物理环境的制约,更受他人行为的制约,因为"场是相互依存的一个整体",使得"人以类聚",即"蓬生麻中,不扶自直;白沙在涅,与之俱黑"。学习是一种氛围,是一种文化,形成学习场,场域内个体之间的能量可以相互转化、传递和强化。应用型人才的培养,需要建立人才成长场域,培养学生的动手习惯。在实践教学中强化学习场域理论,旨在形成"学场 + 职场",使得实践场所既是学场又是职场。职场是更大的学场,学场与职场融合,学农于农场,学工于工厂,学业置于产业,形成产教融合、工学结合和知行合一的人才培养模式,以增强学生的创新意识,培养学生的实践能力,这是"院园合一"校企协同之育人规律。

2.4 基于开放协同、跨界融合思想的"院园合一"校企协同育人

"技术大发展、大变革的时代,也是各行业的边缘越来越模糊的时代,跨界成为一种竞争新常态。"(胡世良,2016)在"互联网 +"时代,要想成功,"就必须善于运用跨界思维,拓展企业边界;就必须运用'互联网 +'的跨界思维,打造生态系统,坚持合作共赢、风险共担、利益共享,加强产业合

作,获得新的技术和人才,弥补自身不足,完善生态系统,增强竞争力"。(胡世良, 2016)当今时代,行业之间的边界已经不那么明显了,其特点是跨界和互联,跨界是必然趋势。办教育就要突破"就教育论教育"的思维模式,尤其是技术技能教育。技术技能教育是一种专业教育,包含职业教育和应用型本科教育。专业教育的本真在于产教跨界融合,产教融合是"院园合一"校企协同育人之本真。

"职业教育是一种跨越了产业与教育、企业与学校、工作与学习的所谓跨界的教育类型。"(姜大源, 2007)职业教育是国民教育体系和人力资源开发的重要组成部分。有的专家认为,职业教育是跨教育与职业两界的"叠加教育",主要表现在:办学职能是学制教育与技能培训的二元叠加,培养主体是学校和企业的二元叠加,培养目标是就业与成才的二元叠加,学习任务是知识与技能的二元叠加,学生身份是学生与准员工的二元叠加,培养标准是职业标准与学校标准的二元叠加,专业课程是工作过程与学习过程的二元叠加,教师身份是教师与企业技术人员的二元叠加,校园文化是学校文化与企业文化的二元叠加,服务对象是学生与企业的二元叠加,形态是学校形态与企业形态的二元叠加,所以说学校是学校,但不能太像学校;学校像企业,但又不能是企业。产教融合、校企合作、工学结合、知行合一是职业教育的本真。

应用型本科教育的基本特征是地方性、应用型,定向于地方、定型于应用、定位于教学、定格于实践,重在服务地方经济,培养应用型人才,强调人才的实践性,突出产学研合作教育。潘懋元(2006)认为,产学研合作的深层意义在于,它不仅是高等教育的方针政策,而且是现代社会发展的普遍规律,是培养应用型人才、提高教育质量的重要途径。应用型本科院校的人才培养不求知识的全面系统,而是要求理论知识与实践能力的最佳结合,根据区域经济社会发展需要,培养大批能够熟练运用和解决生产实际问题、适应社会多样化需求的高素质应用型人才。应用型人才的培养,需要企业参与;企业的发展,需要应用型人才支撑。双方的刚性需求,决定了产教融合不是"选修课",而是"必修课"。要深化产教融合、校企合作,需要构建双方互利共赢的制度体系,要研究"如何在专业、课程、教学以及教师领域通过工学结合进一步提升教育教学质量"。学生在校企协同育人机制下,实现由"学校人"到"职业人"再到"社会人"的蜕变。而高校二级专业学院与专业产业园统一建制的"院园合一"为产学研合作、校企协同育人提供了机制保障和条件保障。

2.5 "院园合一"校企协同之实践溯源

在我国高等教育诞生之初,就隐约可见"院园合一"校企协同育人的雏形。在中国早期的近代高等学校里,"就专业设置、课程体系而言,福建船政学堂更符合18—19世纪西欧所形成的近代性质的高等教育的特点,堪称中国近代第一所高等学校"。(潘懋元,2006)自其创办以来,福建船政学堂实行厂校一体的办学体制。"福建船政局同时创办铁厂、船厂与学堂,既不是厂办学校,也不是校办工厂,更不是厂校联合或合作,而是规划统筹,经费难分。监督既管学堂,又管工厂;教习既是教师,又是工程师;学生要参加工厂劳动,并承担生产任务。从某种意义上说,这种厂校一体的办学体制,比现时所倡导推行的产学研联合体或'合作教育'更能体现教育与生产劳动的紧密结合。"(潘懋元,2006)在厂校一体的办学体制下,福建船政学堂培养出严复、萨镇冰、詹天佑、邓世昌等629名毕业生,对我国近代军事、经济、文化、政治的发展起到巨大的推动作用。

在国外,英国的"三明治"和德国的"双元制"等校企协同育人模式,是已被证明的增强区域技术创新能力、提高学校办学质量的有效路径。

英国的许多大学为本科生设置了"三明治"模式的教育体制,即开设工读交替的课程教学计划,实行在校学生到工厂实践的教育体例,并由工厂工程技术人员和大学教师合作讲授有关课程。该模式又细分为两种模式:一种称为"厚三明治"模式,学生在进入大学前,先在工厂工作一年,在后三年课程安排上着重实践性课程,总时间为四年;另一种称为"薄三明治"模式,一般第一年在校学习,第二、第三学年安排一定时间去有关工厂实习,第四年再回到学校学习,总时间也是四年。

德国的"双元制"模式是指国家立法支持,学校和企业共同办学的方式,具体是指企业和学校在教育中共同发挥作用,又以企业为主导的教育模式。所谓"双元制",就是指学生在企业接受实践技能培训与在校接受理论培养相结合的职业教育模式,培训的企业根据培训条例和本企业的特点制订具体的培训计划并付诸实践。接受"双元制"培训的学生需签两份合同:一是与学校签的培训合同,规定三年的培训应达到的水平;二是与企业签订的合同,规定学生边学习边实习,并规定学生实习期间的工资数额。

第一学年每周有两天时间到学校上课,每天九节课,其中三节文化课,六节专业课;第二、第三学年每周在校学习的时间只有一天,其余时间在企业学习。平均每周在企业培训的时间为四天,在学校接受理论教育的时间为一天到一天半。

借鉴我国近代高等教育和国外教育改革的成功经验,在我国教育改革发展的实验田上,"前校后厂"的办学模式、现代学徒制的人才培养模式、一企一班的"订单式"人才培养模式、卓越工程师人才教育培养计划等校企协同育人举措不断涌现,这都是校企协同育人的探索形式,旨在推进高校与产业、行业和企业的深度合作,培养高素质应用型人才。在众多的校企协同育人模式中,专业教育与产业园区齐头并进、校企一体化"院园合一"的新模式,不啻为一种有益的探索。

通过推介"院园合一"校企协同育人的理论并对其诸多的实践探索加以追根溯源,不仅在很大程度上理实一体地夯实了"院园合一"校企协同育人的实践基础,也为进一步开展适用性较强的实践育人模式探索积累了宝贵的经验并提供了可参考的蓝本。

第 3 章

基于三螺旋理论的 "院园合一"校企协同育人

政、校、企深度融合,作为跨界思维的一种实践形式,在协同育人模式上属于颇具创新性的实践探索。它不仅倡导产学合作,也极力推崇开放融通,更在培育高素质应用型人才和实现效益的最大化上付出了努力。而这种思维所依附的,便是三螺旋理论。

3.1 基于三螺旋理论的"院园合一"

20 世纪 90 年代,美国社会学家亨利·埃茨科威兹在分析知识经济时代政府、企业和大学三者之间的新型互动关系后,提出了三螺旋创新模式,即政府、企业和大学是知识经济社会内部创新制度的三大要素,他们根据市场要求而联结起来,形成了三种力量交叉影响的三螺旋关系,激发创造出大学科技园区、孵化器、研发中心、高科技衍生公司等各种"混成组织",推动了区域协同创新发展。三螺旋理论认为,政府、企业和大学的交叠才是创新系统的核心单元,其三方联动是推动知识生产和传播的重要因素,并指出产学合作是大学除了教学和研究之外的第三使命。

3.2 政、校、企跨界融合和开放协同育人理念下的"院园合一"

青岛黄海学院着力构建的"院园合一"校企协同育人机制,是基于典型的三螺旋理论,"将具有不同价值体系、功能的大学、政府和企业融为一体并在发展地方社会经济上统一起来,形成了知识领域、行政领域和产业领域的三力合一,从而为区域经济创新与社会发展奠定了坚实的基础,更促进了大学、政府和企业三者间的共生共长"。(马永斌,王孙禺,2008)

不跨界,无未来。创造这种合力的前提,在于打破传统的边界,包括学科边界、专业边界、行业边界、观念边界、教育与职业的边界,并在边界切面上建立起新的管理、教育和社会运作机制。就学校人才培养而言,是以学生需求为圆心、以优质服务为半径,突破学科思维和专业壁垒,挑出专业所属的工学、经济学、管理学、文学、管理学等学科界限,围绕区域经济新动能建立具有行业、产业性质的二级学院。用教育外的视野看教育、办教育,既需要跨界整合校内教育资源,又需要摒弃封闭、保守的心态,以开放的姿态、开放的思维、宽广的胸怀迎接校外资源,主动对接市场、对接社会,与行业、企业合作,突破人、财、物、信息、组织之间的各种壁垒和边界,吸纳优质资源,拓展活动领域,实现专业链对接地方产业链、创新链,完善生态闭环系统。

在多元化的文化和社会背景下,交融、协作、平衡、共享已成为共识。开放协同、跨界融合是基于三螺旋理论的"院园合一"所体现的基本育人理念。与"合作"相比,"协同"更强调在风险共担、利益共享基础上为实现同一个目标而通力协作以及营造公平诚信的合作环境,使产学研合作处于稳定的状态。在政、校、企基于三螺旋构建的"院园合一"的平台上紧密协同可共同实现育人目的。教育的本质是为学习者提供教育服务,为未来培养人才,但如何为学习者提供教育服务?不是搞标准、定规范,而是打造人才成长平台,所以有人说:"得平台者得天下。"教育平台是众多学习者进行有效学习的互动基础,并为学习者提供学习资源。基于三螺旋的"院园合一"校企协同育人机制,就是为学生打造学习成长的平台,并促进平台的成长。这个平台聚合了政、校、企多边市场资源,为学生学习力和创造力培养及合作者提供了软硬件相结合的环境,打造了相关利益方共赢的教育生态圈。平台成长意味着平台聚合能力的增强。通过打造创客平台,学生可以把创意变成现实。

3.3　基于三螺旋的"院园合一"校企协同育人的价值追求

专业学院的教育工作者为从传授知识向提高能力转变提供平台,为知识向生产力转化提供载体,把产业园内的产业引入课堂,与行业、企业合作培养学生。学生把学习知识与运用知识结合起来,在生产劳动中成长为合格的劳动者。教育与生产劳动相结合理论为校企协同育人奠定了坚实基础,校企协同育人的形式和内容由单一向多元、由低级向高级发展。三螺旋视角下,"院园合一"成为校企协同育人高级有效的形式,其价值追求在于经济价值与社会价值的统一,并通过经济价值增值来促进社会价值的最大化,实现校企协同育人的效益。

商业企业在市场驱动下,努力实现经济价值,追求利润最大化。在实际的企业经营管理中,人才是超越一切的企业之宝。企业要增加利润,减少成本,肯定离不开人才的力量。有责任的企业一定要担负起培养企业人才的责任。基于此,在政府政策激励下,企业有与作为人才培育地的学校合作的内在需求。

作为公益性社会组织的学校肩负育人造材的使命,"得天下英才而教育之",追求教育的社会价值,努力培养"值得教师崇拜的学生",渴望学生成为国家的栋梁、社会的中坚。然而,在封闭的象牙塔内培养的"书呆子",有与社会实践脱节的倾向,常常被人诟病。于是,开门办学,寻求与企业合作,以市场需求为导向,培养社会需要的应用型人才,就成为改革的方向。

在政府支持下,学校搭建专业二级学院和产业园合一的校企协同平台,集学校教育公益性的社会价值和企业营利性的经济价值于一体,在市场驱动和使命驱动下,通过深化产教融合、校企合作来实现实践育人的目的。企业通过人力和智力资源整合,实现了经济效益和社会效益的双丰收(见图 3-1)。

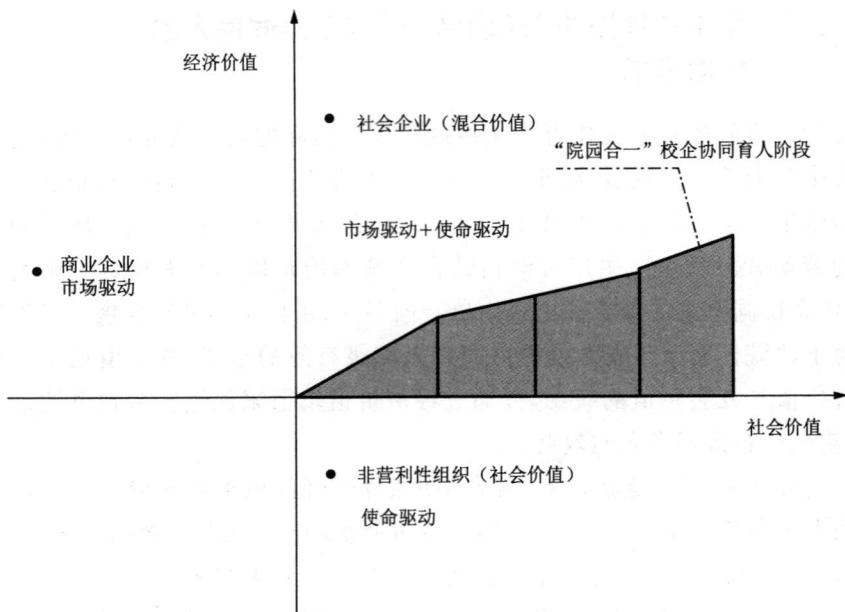

图 3-1　"院园合一"、校企合作实现了社会效益和经济效益双丰收

3.4　基于三螺旋理论的"院园合一"校企协同育人之机制构建

"院园合一"校企协同育人的前提,是政府主导的政策资源和法律体系。在与企业共同构筑的"院园合一"校企协同育人机制中,政府承担并发挥了其他机构无法替代的责任和作用。政府主要在政策层面进行顶层设计,在政策、法律和制度层面提供保障机制,为校企协同育人创造良好的发展环境。

"院园合一"校企协同育人的基础,是产教融合的生态系统。"院园合一"校企协同不再停留在企业提供实习场所、接受学生工作等层面上,而是企业深入学校管理与发展的各个方面,全面介入学校专业设置、课程方案、教学管理及实践教学等环节,参与人才培养全过程,将之作为企业运营中的一个基本任务,真正建立起专业学院与企业互惠互利、荣辱与共的关系。学校把企业的人才需求标准作为大学生人才培养的标准来改革教育教学工作,从而找到了建立校企合作长效机制的基础。

"院园合一"校企协同育人的关键,是共享共赢合作机制——利益驱动机制。基于三螺旋理论的"院园合一"是一种政府行为，也是一种教育行为，更是一种经济行为。无论是社会效益，还是育人效益或经济效益，政、校、企三方的利益都是建立在互惠共赢基础之上的。三方在人才培养上达成了共识：因为企业使用人才就是在实践中培养人才，使用是最大的培养；学生就业是最大的民生，是社会之基、稳定之源，也是政府要务。所以政、校、企在共同利益驱动下，基于三螺旋理论，在"院园合一"的平台上实现协同育人的目的。

"院园合一"校企协同育人的类型，是学生自主创业型。在政、校、企的三螺旋关系中，不是以企业为主的生产项目主导型或产业开发经营型产业园，也不是以学院为主的教学项目或科研项目，而是以学生"创客"为主体的学生自主创业园区。创业园区以培养学生的创新意识和创业能力为目的，鼓励学生自主选择项目、自主投资、自主生产和经营，将学习过程与生产过程结合起来，以培养学生的创新意识和创业能力。

3.5 "院园合一"校企协同育人三螺旋模型中力之关系

二级院系是大学的基本单位，不仅是教学单位，更是办学基本单位，是校企合作的主体。在三螺旋关系碰撞中，大学通过校企协同促进专业学院的教育教学改革，把学科特色浓厚的专业学院改造为服务地方、对接产业的行业学院、产业学院和企业学院。青岛黄海学院实行"院园合一"的国际电子商务学院，就是针对电子商务产业建立的行业产业学院，致力于形成专业集群。学院是创业型的，具有人才资源开发和社会服务能力，在与政府、企业合作中具有平衡的能力、平等的地位和合作的资本。

校企合作要持久，需要政府的公信力，因为没有政府的政策支持，校企就会缺乏持久合作的动力。卓越工程师计划、现代学徒制、产教融合工程，都是在大力发展职业教育和向应用型本科教育转型的政策背景下实施的。

校企合作的企业或行业协会不但在业内要有一定的话语权和相当的实力，还必须具有教育情怀和专业培训能力，具有教育企业的属性，能够在教育公益性和企业营利性之间进行平衡。在校内或学校周边校企共建的专业园区，既是企业生产经营基地，也是学校生产性实习实训基地。虽然学校通过调整人才培养计划可以进行旺工淡学，但园区主导权在学校，校企合作的目的在于校企协同育人，这就破解了产教双主体矛盾。校企协同使学校突破了"象牙塔"的局限功用,被赋予了更多的社会服务功能,解决了人才培养与社会脱节的矛盾。更重要的是,学校获得了向阳而生的创造力,使校内外人、财、物、时、空、信的资源流动了起来,成为活水源泉。

政、校、企三螺旋中力之结构是相互的,"强调各行为主体之间的相互关联、协同共生。在这个网络体系中,政府是政策的支持者、导向者及协调者,企业是技术创新的主体,高等院校和科研机构是知识创新的主体以及科技知识供应者和创新之源"。(徐晓雯,2010)企业不仅对于学校有一种需求拉动力,而且是学校落实教育与生产劳动相结合、实践育人理念的强大推动力;学校的人才资源和人力资本是企业最为紧缺的,学校知识、技术是企业升级发展最为需要的,学校的人才、知识和技术为企业的发展提供了推动力,市场也为推动学术发展提供了实践动能和平台力量。在基于知识的创新和基于市场的产业之间,形成了一种相互间的拉动力。这种情况,也同样适用于分析企业和政府、政府和学校的关系方面。学校、政府和企业三螺旋模型,实质上是一个以资源流动为核心的创新网络。

科学地解读三螺旋理论,并基于此理论对"院园合一"校企协同育人之价值追求、机制构建和实践要素进行系统化和关联性的剖析,就是以开放性的视角和生态型的思维为"院园合一"校企协同育人模式铺路架桥,不仅明确了各种利害关系,也在更深层面上指明了牵引其实践动能的力量之源。

第4章

"院园合一"校企协同育人机制 的内涵及意义

"院园合一"校企协同育人机制以"共生、双赢"的校企协同育人理念，将产教融合、协同发展的运行模式纳入资源最优化配置的实践场域之中，基于"学业＋产业＋创业"的实训式人才培养形式，为进一步提高人才培养质量助力赋能。

4.1 产教融合校企一元化运行机制

"院园合一"是一种校企双方共赢的长效合作机制，其管理主体一元化，即产业园和二级学院创办主体均为学校，采用院务委员会与园区管理委员会合一的运营模式，既负责教育教学事务，也具体负责园区经营管理事务。该机制调整后勤保障机构，将产业园管理办公室、实践教学单位合署办公，适应并配套服务于"院园合一"的办学模式，以促使资源配置最优化，实现教学资源与生产资源的共享。实行"院园合一"办学模式的二级学院，是学校试点学院综合改革项目单位，能从教学单位向办学单位转变。二级学院具有充分的人事权、经费使用和分配权、生产经营权、教学科研的自主权，成为责、权、利结合的实体单位，能够开门办学，组织进行校企共育的人才培养改革实验，有利于整合利用行业、企业、政府、院校、校友等多方资源，深度搭建资源共享平台。

二级学院和专业产业园合署办公，设立学校院长和企业指导院长，由学校院长负责教学科研以及产业园的工作。学校下设校企合作服务办公室,负责协调入园企业的生产经营与教学科研、学生管理与服务工作。产业园实施学校和企业双专业带头人制度,实施学生企业导师制度,成立企业家导师俱乐部。学校采取激励措施,鼓励教师在自我职业范围内带领学生创业,支持专任专业教师结合教科研工作开展产教研项目,要求专业教师具有企业实践经历,建立学校"双师"素质教师与企业高级经营管理人员互聘机制。

陶行知(1996)说过:"但要求其充分实效,教育更须与别的伟大势力携手。"他还认为:"中国乡村教育之所以没有实效,是因为教育与农业都是各干各的,不相问闻。教育没有农业,便成了空洞的教育、分离的教育、消耗的教育。"二级学院不一定建在一级学科上,但要对应区域经济产业发展,根据行业和产业定学院的设置。学校倡导跨学科组建专业群,一个专业群对应一定的经济实体。学校推进企业需求与招生政策对接,将企业需求的人才规格与专业设置的培养方向对接,将企业需求质量与人才培养质量对接。

4.2 "学业 + 产业 + 创业"实训式人才培养

园区内企业全面参与专业的人才培养方案制定、课程设计、课程开发、教学组织、课堂教学、学生评价和就业创业等各个环节,企业文化、业务管理、信息系统融入课程教学,为学生实践、实习、实验提供真实的实践项目。学院专业教师在入驻企业真实生产经营环境中实践。无论是引进的企业,还是学校创办的企业,均匹配一定数量的专业学生。学生课余时间和课岗融替的课程由企业教师组织理实一体化的课堂教学。企业生产营销场所是实践教学场所,是学生专业实践基地和就业创业基地,亦是教师科研项目研究基地。

在"院园合一"校企协同育人模式下,教学方法是陶行知所说的"以工作或问题为中心的教学做过程","要在做上教,在做上学","教的法子根据学的法子;学的法子根据做的法子"。"做的法子"就是指企业"做"的法子,企业"做"的要求决定教学的内容,企业"做"的方式决定教学的方法,企业"做"的过程决定教学的载体,企业"做"的活动检验学习的成败。"事怎样做就怎样学;怎样学就怎样教。""先生拿做来教,乃是真教;学生拿做来学,方是真学。不在做上用功夫,教固不成教,学也不成为学。""做是学的中心,也就是做的中心。"(陶行知,1996)强化操作型知识学习、实战技能培训、动手能力训练和行业视野的学习,通过项目引导、任务驱动、学训交替、课岗融合、场景教学,畅通了"工"与"学"的途径,实现了"学"与"工"零距离、学校文化与企业文化相融合、育人目标与用人目标对接,建立了以职业岗位要求为课程目标、以职业标准要求为课程内容、以学生职业能力培养为课程核心的课程体系。生产一线能工巧匠和企业管理中坚参与专业教学之中,专兼结合、"双师"施教,实施创新创业学分与课程学分替换制度。

4.3 产教融合的场域

黄炎培认为,"办职业教育通则"之一是"深入这项职业教育的环境""要办职业学校,当先办工场;欲办工校,先办工场"。"工场的一切设施,当取工场性质,这话是很对的。""所以办某种职业学校,必须深入某种职业环境,如农必于农村,商必于商业区,工必于工业区……"(成思危,2006)在"院园合一"模式下,学校与行业、企业合作共建教学平台,合作开发并共享实践教学资源,合作搭建学生创新与创业平台、政产学研平台、企业孵化平台、智力支持与技术服务平台,加强共享型生产性实践基地建设。

在校企一体、产教融合的场域内,学校根据行业、企业需求的变化及时调整专业方向和课程内容,把行业主流工作岗位的需求作为人才培养方案的逻辑起点,校企协同制定符合行业与企业知识、能力、素质需求的人才培养方案。校企师资共享、人才共育、过程共管。在该场域内,学生员工双身份、生产与教学双环境、学校制度与现代企业制度融合。企业文化、业务管理、信息系统融入课程教学,产学模式深入教学改革。

4.4 "院园合一"校企协同育人的现实意义

任何有效机制和施行模式都是为实践应用而服务的,那么"院园合一"校企协同育人作为一种机制,都有哪些现实意义呢?

4.4.1 化解双主体矛盾

二级学院办学主体和产业园管理主体一元化,有效解决了校企协同育人的几个疑难问题:"一是在制度层面,解决了校企合作育人过程中涉及的利益和矛盾问题;二是从教学实施过程和资源整合的角度,解决了专业教学过程与生产过程结合途径及师资、设备等资源瓶颈问题;三是通过教学管理改革适应工学结合要求,解决了学校管理与企业管理结合问题。"(刘沪波,张静,2015)校企双方在育人效益最大化和盈利效益最大化方面,找到了平衡结合点,实现了互惠互利、合作共赢。

4.4.2 人才培养精准化

"院园合一"适应人才培养精准化、定制化发展趋势,准确把握人才需求和专业发展的生命周期,快速搭建市场需求、学生学业、学科专业桥梁,及时实现了学生兴趣与市场需求之间的教育服务,有效地克服了教育教学市场滞后性的弱点,使学校教育不断增加造血功能,减少设备维护更新成本,使得人才培养与行业发展同步,培养内容更新及时且针对性强,方法手段更具适应性,人才供给也较为及时和对路。

4.4.3 资源配置最优化

"院园合一"使校企双方相互渗透,融为一体,成为利益共同体,不但盘活校企闲置的校舍、厂房资源,还使校企双方的资源得到了优化配置和使用,有利于学校优势资源与社会优质资源的整合,实现学校教育教学资源与企业生产经营资源互补、共享,实现学校与企业、教育与产业、专业与职业、师生与员工对接与融合。

4.4.4 切实提高人才培养质量

"院园合一"育人模式下的教、学、做合一,有效解决了人才培养的瓶颈"心手相应"问题,使"学生走上创造之路,手脑并用,劳力上劳心"。"院园合一"的目的是人才养培养,人才培养是涵盖人格涵养、职业道德、专业素养、专业技能等在内的全人培养。所以黄炎培强调:"专科学校的使命在于造就实用人才,同时亦须重视人格训练,以避免短期实用而流于功利化。"(成思危,2006)

"院园合一"校企协同育人机制基于产教融合校企一元化运行机制,在化解双主体矛盾、精准化培养人才、优化资源配置和提高人才培养质量等方面,发挥了不可估量的实效功用,是实行素质教育并提增其深厚内涵的实践性探索,也是深化产教融合、强化技能融通的大胆尝试,为培养应用型创新创业人才提供了新的路径。

第 5 章

青岛黄海学院"院园合一"
校企协同育人实践

教育部、财政部和国家发展改革委联合发布的《关于引导部分地方普通本科高校向应用型转变的指导意见》（教发〔2015〕7号）提出，地方本科高校要主动适应我国经济发展新常态，把办学思路转到服务地方经济社会发展、产教融合、校企合作上；同时，要建立合作发展平台，推进地方、行业、企业等共同参与合作办学，建立产教融合、协同育人的人才培养模式。青岛黄海学院秉持"知行合一"校训，立足本校实际，发挥区域优势却又突显自身办学特色，积极探索了"院园合一"校企协同育人机制和实践教育模式。

5.1 青岛黄海学院基于三螺旋理论的"院园合一"校企协同育人模型

在转型发展、内涵提升的实践过程中，青岛黄海学院充分发挥民办高校的自主创新与机制灵活优势，积极探索多方合作办学的新体制，进行了"院园合一"协同育人的教育教学改革实践，使产、学、研、用融合，让学业、产业、就业、创业贯通，从而在学校体制、机制层面有效解决了校企合作中学校育人公益性与企业经营营利性之间的工学矛盾。

"对于每门学科，都要考虑它的实用问题，务使不学无用的东西。"（夸美纽斯，2014）在国家加快培育经济新动能的大背景下，电子商务及相关专业如何培养符合企业需求的实用型人才，是作为人才供给方的高等院校一直在思考的问题。青岛黄海学院"院园合一"校企协同育人机制的构建，主要在国际电子商务学院电子商务及相关专业的教育教学改革方面实现了突破。

　　基于三螺旋理论,青岛黄海学院在青岛市教育局、人社局、商务局、科技局等政府部门的大力支持下,与阿里巴巴、京东、山东网商集团、青岛跨境电子商务协会等单位协同合作,政、校、企聚合联动,在电商人才培养、产业经营、社会服务等诸多领域构建了联合体,着力打造产业为体、文化为魂、教育为本的产学研合一的园区——面积达 10 172 平方米的大学生网上创业园。2015 年,学校整合电子商务、国际经济与贸易、国际商务、计算机科学与技术等专业,成立了国际电子商务学院,实行国际电子商务学院与大学生网上创业园合署办公,统一建制,探索建立了专业学院和产业园合一的校企协同育人机制,形成了校企协同的育人链条,辐射到学业和产业的两端,构建了"产业 + 学业 + 创业"的产教融合办学模式。政府、企业、学校三方力量的交互作用,促进了"院园合一"校企协同育人平台的"螺旋式"发展,并在将知识转化为生产力的过程中,带动了三方资源的流动与共享,使得人才流、信息流、资金流、知识流相互作用,形成了良性互动循环,促进了教育资源在人才培养上的优化配置,从而为三螺旋持续上升提供了源源不断的创新动力(见图 5-1)。

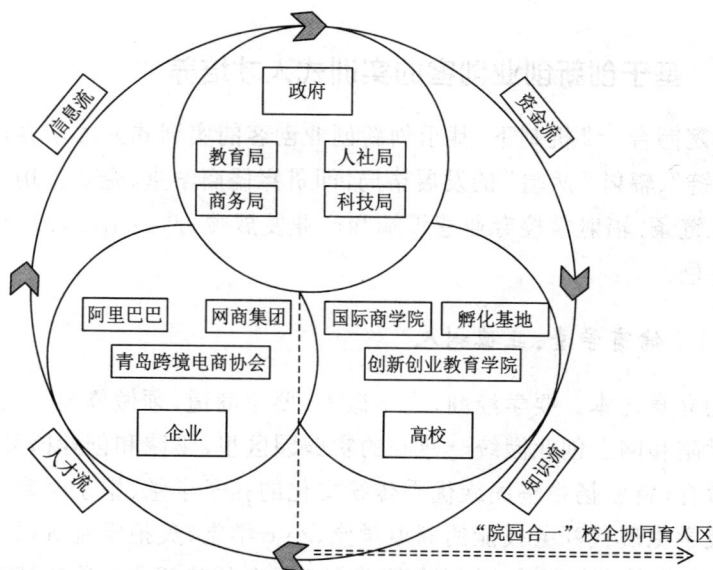

图 5-1　基于三螺旋理论的校企协同模型

办教育也是办文化,就是营造学生成长的环境。黄炎培认为:"只从职业学校做功夫,不能发达职业教育;只从教育界做功夫,不能发达职业教育;只从农、工、商业界做功夫,不能发达职业教育。实施这一模式的前提在于学校与企业的合一。"(成思危,2006)青岛黄海学院根据新形势下深化产教融合、校企合作的新要求,坚持校企协同育人、跨界融合发展,以企业为基础,以行业为支撑,对接地方产业,联合行业、企业,整合国际电子商务学院(二级学院)与大学生网上创业园(实践园区)的资源和功能,构建了院园一体化发展的新机制。在"院园合一"校企协同育人机制下,学校构建"校内实训 + 企业实习 + 创新创业"三位一体的实践教学平台。学生通过校内实训完成对电子商务全流程的认知,通过企业实习实现电商项目运作能力的培养,通过创新创业平台培养自身的创新意识和创造能力。校内实训平台建设突破了验证性实验和虚拟仿真实训的局限,重在生产性实训平台的建设;企业实习平台建设突破了廉价学生工和短期利益的局限,重在学校、企业、行业对电商专业人才培养公益性和长期合作共赢理念共识的达成;创新创业平台建设突破了楼宇经济的市场思维或政绩观念,重在为学生的电商创业构建创业苗圃、创业培训、创业孵化、创业加速、创业跟踪五位一体的服务体系。

5.2 基于创新创业创客的实训式人才培养

在"院园合一"机制下,基于创新创业创客的实训式人才培养,形成了贯穿"一链"、辐射"两端"的发展格局,即贯穿儒商学堂、企业工坊、创客空间的育人链条,辐射学校专业建设端和产业发展端,凸显出校、政、行、企协同育人特色。

5.2.1 儒商学堂,立德树人

德为立身之本。要学经商,先学做人;要学商道,须做儒商。在国际电子商务学院和网上创业园统一建制的实践园区里,学院和创业园开展一系列儒商教育,将弘扬中华民族优秀传统文化的孔子学堂、墨子学堂、书画学堂和传授学生现代商务技能的商道学堂、小 e 学堂、美拍学堂等融为一体,以实现儒与商的有机结合,为社会培养更多具备儒魂商才素养的精英能士。

教师用英汉双语讲授国学基础必修课,在专业课程教学中渗透中华优秀文化精神,开展《论语》大会、道德讲堂、儒商讲座、实战演练、案例分析、企业游学等,提升学生的国学素养并训练其创业思维,以培养明日儒商,成就陶朱事业和端木生涯。

5.2.2　企业工坊,实践育人

夸美纽斯(2014)说:"凡是应当做的都必须到实践去学习。"师傅并不用理论去耽搁他们的徒弟。师傅怎样让徒弟在实践中学习呢?借鉴传统手工工坊和现代大师工作室的做法,综合企业和学校功能,在校内建立企业工坊是推进实践教学的有效之举。大学生网上创业园内已建立了电商企业实训工坊 88 家,承担电子商务实习实训。每个企业工坊至少配备了一个专职企业技术骨干指导学生专业实践。学生通过儒商学堂完成职业操守、专业素质、专业知识、专业技能学习后,进入企业工坊进行专业实战学习。企业工坊把电商行业主流工作岗位的需求作为人才培养的逻辑起点,教学是"以工作为中心的教、学、做过程"。企业工坊基于电商运营过程构建了模块化课程体系,将课堂搬进企业,将项目融入课程、带进课堂,让学生在真实的企业环境中进行企业项目驱动式学习,从而培养出具备中华民族优秀传统文化素养、懂得互联网及经济知识并掌握了现代商业管理技能的"创业有能力、深造有基础、发展有后劲"的电商产业链应用型人才。

5.2.3　创客空间,创新育人

在企业工坊经过真实的专业项目实战后,有意愿创业的学生会进入创客空间进行专业的创新创业实践。为此,学校在大学生网上创业园内搭建了低成本、便利化、全要素、开放式的"黄海 e 代人"创客空间,设立学生创业基金,开设创业课程,实施创业学分积累和转换制度,开展创业大赛,通过承担创业项目引领学生创业。创客空间内水、电、网、暖、电脑、桌椅等基础设施齐全。学校组建了创业服务中心,为入驻实体提供一站式创业服务;健全了创业实体准入、退出机制,构建了创业苗圃、创业培训、创业孵化、创业加速、创业跟踪五位一体的服务体系;聘请了行业、企业人员和创业成功的校友担任导师,对参加电商项目实践的学生实行一对一指导。

5.3 基于电商运营过程的模块化课程体系

学校以社会需求为导向,通过电子商务生态圈岗位任务的分解,确定了集企业电商运营实践的知识、能力和素质于一体的模块化课程体系。学校在开发专业学习领域时,对电商行业、企业进行充分调研,并通过对岗位群的分析,构建满足岗位理论知识和实践技能需要的课程体系,使整个课程体系支撑人才培养目标。该课程体系主要包含专业理论课程、岗位技能课程、岗位实战课程三个模块。

专业理论课程通过专业基础、专业核心课程学习,使学生掌握专业基本理论知识,由学校教师进行课堂教学。岗位技能课程包括内贸、外贸两个方向,其中内贸方向主要课程有设计思维基础、客户服务与管理、网店美工设计、网店运营基础、网店推广、自媒体运营等;外贸方向主要课程有跨境电商图文营销、阿里国际站操作实务、跨境贸易转型与突破、跨境电商零售基础、跨境电商零售运营等。

岗位技能课程以增强学生实践能力为主要目标,教学内容全部采用真实企业案例和项目,通过行业专家、企业经理、企业教官等现场教学,加深学生对电子商务业务流程和具体岗位的认知。而岗位实战课程则以培养和拓展学生职业素质、提升从业能力、增加实战经验为主要目标,主要包括素质拓展、职业培养与意识和跨境实战等课程。

校企对应专业岗位所需的职业能力,合作开发课程。静态的课程通过校企合作动态实践课堂来实施,在企业工坊进行理实一体的教学改革,实施学校理论成绩考核与企业实践考核相结合的考核方式。

5.4 "院园合一"机制下校企协同育人基本要素的确立

基于"院园合一"机制的整体架构,需要确立其基本要素,以在校企协同主体的身份认定、双向选择、实习制度和教学管理等方面更好地发挥实践效用。

5.4.1 学生与学徒

实施校企协同育人的第一要素是学生,一方面学生是否愿意参加,另一方面企业是否愿意接受这样的学生。只有本着分类招生、因材施教的原则,学生自愿、企业主动和学校同意,校企协同项目才能得以实施。在实施的过程中,学生、企业、学校三方中任何一方存在问题,都会使项目难以为继。学校在通过协同育人确定学生的过程中,不仅尊重学生意愿,而且会对其进行选拔和淘汰。学校在实践中注重学习与职业的衔接,使得校企协同落脚到学校的人才培养上,体现了育人的本质和教育的社会效益。

5.4.2 教育企业的选择与入企拜师实习制度

学校对合作企业的选择,既促进企业由合作客体向合作主体的角色转变,提高了企业参与的积极性,又规避了纯生产型企业对利润的最大化追求,所以不再聚焦于纯生产型企业,而是瞄向了具有教育情怀和培训性质的电商企业,即教育企业,因为纯生产型企业与学校合作的主要目的不是育人,而是有利用学校廉价的人力、场所资源获取最大经济效益的倾向。校企合作不局限于某一个企业,不局限于学生就业,而在于通过项目化教学提高校企协同育人质量。学校确定山东网商集团、青岛市跨境电商协会、世纪黄海电子商务公司等为主要合作伙伴,以突出育人的公益性,强化校企协同的育人导向。

在基本完成企业技能课程和岗位实战课程后,学生与企业工坊的企业进行对接,学生选择企业,企业选择学生,学生选拜具有教学能力的企业经理为师傅。国际电子商务学院电子商务专业学生作为电商企业学徒,经过大学生网上创业园内企业师傅的指导,可在天猫、淘宝、阿里巴巴国际站、速卖通、中国制造等平台上进行生产实践,对产品图片进行美化处理,开展电商平台的运营推广、电商客服及跨境电商交易等活动。学生以企业准员工的标准来严格要求自己,规划自己将来的职业岗位,体现了作为劳动者的自我价值。在企业工坊里,经营项目优秀者可以获得一定的收益。企业师傅在带学生的过程中,注重电商文化教育,培养学生对企业的忠诚度,锤炼学生敬业、严谨、专注、创新和做专、做精、做细、做实的工匠精神。拜师实习一学期后,学生可以选择继续留下来,也可以重新选择其他企业实习实训,还可以选择带团队创业。一大批电子商务专业的学生,经过企业工坊的电商实战后,成长为企业的业务骨干,实现了优质化就业。

5.4.3 教师与师傅

在教师与师傅方面,一是要选拔企业的师傅,企业的师傅主要面向具有教育培训能力的企业讲师,对专业、学历和从业经历有一定的要求,且配以一定的学生助教,以确保育人实效。

二是学校教师和企业师傅互聘共用,实施校内教师和企业师傅"双导师"教学,形成与企业共建共享、双向互聘的师资队伍建设机制。教学任务须由学校教师和企业师傅共同承担。合作企业选拔高素质技能技术人才担任师傅,承担教学任务。学校聘请合作企业电子商务方面优秀的技术人员、运营管理人才,如阿里巴巴认证讲师、淘宝金牌讲师和电商行业、企业经理,长期驻校,作为实践教学教师。学生的理论知识与基本技能由学校教师完成讲授,学生的职业岗位实际操作知识和技能则由企业师傅手把手传授。师傅主要通过以身示范动手操作、手把手育巧手训练和主动隐退让给学生三个步骤进行教学,力求做到理论与实践紧密结合、知识与技能完全融合,有效对接企业需求,提高人才培养的质量和针对性。

三是要汇聚校、政、行、企四方人才,成立专业建设指导委员会,导入企业课程,强化学生实战技能训练,对人才培养方案、课程体系、实践教学等进行全方位指导。

四是要在学校内部加强"双师型"教师队伍建设,建立校内"双师型"教师培养的激励评价和考核制度,努力建设一支以"双师型"教师为主体,职称结构、学历结构、年龄结构合理的教师队伍。教师主动到合作企业进行实战锻炼,承接当地的电商运营项目。

5.4.4　工学交替的教学管理制度

学校依据旺工淡学的原则,结合企业项目工作需要,适时调整教学管理,采用集中授课、小课时、短学期、实践周、实践月等形式,动态调整教学形式、上课地点和授课教师,每学期都为"双11"和"618"留出时间,以让学生集中实习实训。

实践证明,"院园合一"解决了校企协同育人的几个疑难问题:"一是在制度层面解决了校企合作育人过程中涉及的利益和矛盾问题;二是从教学实施过程和资源整合的角度,解决了专业教学过程与生产过程结合途径及师资、设备等资源瓶颈问题;三是通过教学管理改革适应工学结合要求,解决了学校管理与企业管理结合问题。"(刘沪波,张静,2015)

青岛黄海学院"院园合一"校企协同育人实践,是勇于解构固化思维模式、积极建构实效提升体系的大胆探索。其创新之处恰恰在于确立了校企协同的基本要素,在三螺旋理论的指导下以优质化的入企拜师实习制度和高效能的模块化课程体系,将创新创业创客的实训式人才培养推向极致,彰显了自身颇见实效的育人特色。

中篇

"院园合一"机制下跨境电商工作室制人才培养实践

第 6 章

工作室制人才培养模式的探索与实践

传统工业生产式的分科教学、单元授课、班级排列、标准化考试、装备线式课程,正面临着"新新人类"社会学习方式的极大挑战。理实一体、教学做合一、任务驱动、项目导向的工作室制,成了产、学、研、训、创一体化融合式应用型人才培养的必然选择。

6.1 什么是工作室制

工作室指的是 10 人以内的团队为了同一愿景,基于共同的利益,以平等的身份,在较小工作空间里建立的学习型工作组织。工作室分为营利性的企业工作室和非营利性的学校工作室。以营利为目的而成立的工作室是公司的雏形,但又有别于公司,不具备法人资格,经营范围较小。在学校里成立的工作室是非营利性质的,其成立是基于人才培养的公益性。学校工作室与学生社团不同,工作室不是学生自愿参加的业余性活动组织,而是课内外融通的教学形态和实践教学组织单元。工作室制也不同于现代学徒制,虽然也有类似现代学徒制的企业深度参与,但工作室制主导权掌握在学校的"双师型"教师手中。在职业教育领域,在教育主管部门的主导下,不少职业学校开展了技能名师工作室建设,通过工作室项目建设职业学校获得了名号、资金、政策的支持,为技能名师搭建了平台,并利用这一平台冲击职业大赛奖牌榜,以着力提升学生的实践技能。但工作室绝不是职业教育的专利,对普通高等教育高素质应用型本科人才培养同样具有适应性。在高等教育领域建立工作室的,主要是高校的艺术类专业,不少艺术类高校都出台了《实施专业工作室制的指导意见》之类的文件。但工作室绝不是艺术类专业人才培养的专利,而是具有一定的专业教育规律性,对于其他应用型专业人才的培养同样具有适应性。

6.2　工作室的基本特征

现代工作室制继承并发扬了德国包豪斯设计学院作坊制的基本特点:学生一边学习理论课程,一边在作坊学习工艺,学习过程就是生产过程,学习成果以作品方式展现。传统教学模式发展成为工作室制教学模式后,又由工作室制教学模式发展为工作室制人才培养模式,并呈现出五大基本特征:一是学校以工作室为载体构建职业化教学环境,师生同进工作室,以工作室为单位来组织教学;二是以工作场景布置工作室环境,教学方式情景化;三是真实项目进课程、进课堂,教学内容项目化,以任务导向、项目驱动实施教学;四是以学校"双师型"教师为主体、以企业经理为辅管理教学;五是教与学的成果商品化,成果进市场进行社会化转化。

6.2.1　环境职业化

学校以工作室为单位组织教学,教学与学习的环境实现了职业化。社会发展日新月异,时代历经沧桑巨变,然而学校是近百年来始终没有太大改变的地方之一。虽然有导师制、学分制、现代学徒制等,历经百年的班级授课制仍然是目前最主要的教学组织形式,教材、教室、教师、教案仍然是教学的基本要素,处处体现着教的效果而非学的成效。在当今创新时代,如果能突破教室的空间局限、教材的内容局限、班级的组织局限等固定化、形式化、标准化的约束,积极鼓励学生走出教室走向工作室、走出教材走向工作项目,开展工作室制创新人才培养,强化学生实践能力培养,在做中教、做中学,在小组分工合作中探索真知,也许会发现最有价值的教学场地不在教室而在工作室里,最有教学成效的教学内容不在于书本而在于实际的工作项目上。

工作室成员人数控制在 10 人以内。在工作室导师(即学校教师兼企业经理)的指导下,学生自愿进入工作室做准员工。这些准员工之间身份平等且分工合作,工作室内有制度规定和考核要求,有优补和退出机制。学校"双师型"专业教师任导师。学校对聘任导师的称号、工作年限、职称职务、教科研成果没有硬性要求,只是需要该导师有较强的专业实践能力,对学生有爱心,对工作有事业心,对指导学生有热情。因此,学校工作室也可称为"双师型"工作室。工作室成立的目的不是争取各级名号和经费,工作室不是教师做横向课题的科研院所,教师不依托工作室申请发明专利或谋取科研经费来做科研项目。工作室搭建了"教师教、学生学"的平台,目的是潜心育人,培养学生专业能力,助力师生成长,增长了学生的才干,提升了教师的能力。工作室制旨在建立一种实践出真知的体验式学习方式。

这里的工作室,不是名师、名家、名教授、名校长的工作室,不是大家、专家的工作室。它不图名而贵在实,通过一个个工作室的实际工作、真实项目来锻炼学生、提升学生能力。工作室是教师的教学室,是学生的学习室,是专业的实践室;工作室制与导师制、学分制融通,是一种创新创业的教育方式,是一种教学模式,是一种人才培养模式。

6.2.2　教学情景化

建构主义认为,教师的职责在于提供能够帮助学生完成意义建构的适当情境。学工置于工场,学农置于农场。实践表明,学习体验式最有效,人们能掌握亲身经历内容的 80%,而听读的内容很少能内化为人的知识。把企业真实生产经营项目引入工作室,以企业真实环境打造工作室,营造真实的企业文化,使用企业管理和企业考核方式,使学校的教学实践由虚拟走向了真实,工作室里的学习成为真实环境里的体验式学习。工作室注重吸收企业人员,把项目引入课程、引进课堂,不是虚拟仿真,而是真金白银和真枪实弹,围绕做来真教,"教人求真";围绕做来真学,"学做真人"。但工作室吸引企业参与,以学生为本,以"双师型"教师为主导,可防止过度的商业化,防止廉价学生工现象的出现。工作室以项目任务为驱动,融教育教学与企业运营于一体,是学校教学单元与企业运营实体的融合体、混合物,进行的是产、学、研、训、创一体化的融合式、应用型人才培养。

6.2.3　内容项目化

项目进课程、进课堂,教学内容项目化。知识不是由教师直接传授给学生的,而是由学生自己主动建构的。教师让学生从真实事件的感受和体验中获得直接经验,主动而自然地完成对当前所学知识和技能的意义建构。基于建构主义学习理论推进工作室制人才培养,就是在情景化工作室里以项目为载体、以任务为驱动,让学生直接体验、主动建构。师生共同实施一个完整的工作项目,进行教与学。在工作室里,工作项目主要由工作任务、工作过程、工作场景和工作结果四大要素构成。工作任务是主流行业中基于工作过程和工作场景的完整典型的工作任务,是真实环境下的生产经营活动。明确了工作任务后,基于生产经营过程,学生在教师的指导下,以小组协作的方式围绕项目学习任务在工作场景中主动掌握知识点、练就技能点,并对工作过程中碎片化的知识加以提炼和总结。项目结束时,学生完成完整的作品,并将作品市场化。

在项目化教学过程中,关键环节是课程项目化和项目课程化。首先,学校引进企业项目进课程,实现课程项目化,形成基于工作过程的课程体系。学校根据专业课程的特点设计知识点、技能点,选择多个实际生产经营项目,以项目工作任务点来代替章节教学。其次,学校将企业真实项目课程化,以项目实施的工作流程为主线,将项目分解为若干个工作任务,将所需的知识技能融在工作任务里,构成课程的教学内容。再次,在项目与课程转化困难的情况下,学校倡导跨课程整合工作项目,并设计学分积累与相互转化的开放制度,使工作室工作的项目任务与课程学习互联互通。

6.2.4 导师"双师化"

导师"双师化","双师型"教师和企业经理进工作室。工作室不同于教师实验室和企业工作室,而是"双师"工作室,工作室指导教师应具备"双师"素质,成为学生的学业导师,不仅指导学生的理论知识学习,还充当项目经理的角色,要能够承接实际的企业项目。教师进工作室的举措,较之专任教师赴企业挂职锻炼、鼓励教师考取职业资格证书等措施,更具有意义和实效。师生之间面对面零距离接触,建立良性的互动关系。教师兼具辅导员和班主任的身份,根据学生自身特点,引导学生学习、工作与生活,服务学生个性发展,培养学生的创新、创造实践能力和运用知识的能力。每个工作室都聘企业经理、技术师傅为兼职导师,企业经理、技术师傅将企业的真实项目引入工作室,实现校内学习与企业实际工作的一致性,工作室教学与企业真实环境一体化。工作室可以跨学科、跨专业、跨班级组建,成员来自不同的学科、专业和班级。工作室制更加突出了学生的主体地位,有利于提升学生的实践技能和团队意识。

6.2.5 成果社会化

在知识经济时代,工作室制是社会化学习的一种方式,学生在工作室里可以很好地实现工作学习化、学习工作化。学习和工作成效一体化,并接受社会检验。教学成果、学习成果社会化,成果进入市场进行社会化转化。工作室成果社会化转化的标志有学生直接到合作企业就业、学生自主创业、工作室市场营收、作品竞赛获奖、注册发明专利等。项目、成果的完成程度,可用来量化学习成效。教师可根据学生在项目实施过程中的态度、工作时长、努力程度、知识与技能掌握情况,尤其是项目完成情况,折算出相应的学时与学分。社会化转化打通了学校工作室与市场之间的藩篱,是教学的外显性过程,使结果具有可衡量性,使教师与学生具有获得感、成就感和荣誉感。成果转化的过程一定是曲折和长期的,有些成效短期内看不明显,需要"拉长"到人的成长和企业成长的历史角度来检验。学校工作室是为了人才培养而设立的,需要正确和理性地看待成果的社会化问题,尤其是教与学成果的商品化问题,以避免走上片面追求经济利益的歧途。

6.3 工作室的基本任务

工作室以实践教学为主导,以企业项目为载体,以工作任务为驱动,结合专业特色开展工作室制改革,构建"学业 + 产业 + 创业"的融合实体。工作室是学校育人的基本单元,立德树人是其根本任务。工作室的落脚点和目的是人才培养,基本任务是学、产、研、创。

学,即项目教学。工作室实施项目教学,承担专业的实践教学任务。在工作室里,师生基于工作过程进行课程资源开发和课程体系建设,突出教学实践和企业项目的开发,将工作室项目内容贯穿于整个课程教学过程中,转变了以学校、课堂和教师为中心的传统教学模式,变课程学习为项目实战,变课程考试为项目考评。工作室里以赛促学、以赛促教,对学生参加学科专业竞赛进行培训,无形中培养了学生的专业技能、职业能力及创新能力。

产,乃产业经营。工作室是公司的雏形,产业经营是其功能之一。工作室除完成教学计划内正常的实践教学任务外,还承接社会服务项目,为企业提供项目服务,并按照市场化标准进行运作,自负盈亏,为工作室再发展积蓄资金。工作室为企业提供参与平台,通过开展社会服务创造一定的经济效益,培育潜在员工与客户,实现了产教深度融合的目的。

研,指项目研发。工作室在通过企业真实项目开展项目教学过程中为企业开展横向课题提供了条件,为学校科研成果的转化提供了可能。把知识转化生产力,推动企业发展和社会进步,会激发师生持续开展横向课题的热情,不断提升教师团队的课题研究能力,使师生在创新研究、知识共享、团队合作中得以成长。

创,为创新创业教育。调动学校、行业、企业、教师、学生各方的积极性,聚合协同开展师生同创、企生共创、学生自创等形式多样的工作室制人才培养改革,促进了创新创业教育与专业教育、产业经营、科学研究的有机融合,使学校创新创业教育有了载体,有了资金支持和发展的内动力,有了持久发展的活水源泉。

6.4　工作室制人才培养问题与对策

问题之一:工作室对学生的覆盖面窄。

一般工作室里由一名指导教师带领少数的几名学生对接企业项目,存在的问题是学生参与面太窄,且随着每届学生的毕业工作室里学生不断地周期性流动。

解决对策:扩大工作室的数量,建立工作室工作梯队。

扩大工作室的数量,确保有足够数量的工作室供学生选择,实现工作室、导师、学生三者资源的充分匹配,工作室数量与专业学生数相配套。经验已经证明:最有效的教学是一个人教一个人,工作室制的人才培养就是要结束大批量工业标准件生产的教学模式,按照导师匹配少数几个学生的标准,实施精准化、定制化、个性化、精英化人才培养,确保工作室制人才培养质量。每个工作室都要明确工作业务范围、教学内容与范式、选拔人员的标准、工作人员工作制度、人员递补与淘汰制度等,采取有效措施提高学生参与面,把能干事的学生吸收到工作室团队中,形成涵盖一、二、三、四年级的学生梯队,建立学生间的传帮带学习帮扶模式,实现工作室育人效益的最大化。

问题之二:工作室的经济效益对学校育人社会效益的负面影响。

要正确处理工作室的育人效益与经济效益之间的矛盾冲突。在建立工作室之初,不少师生认为建立工作室的目标是要拿下订单,所以不少学生是基于经济效益的想法,带着憧憬、梦想和满腔激情地去挣钱的思想加入工作室的。但在实际枯燥的工作中,付出的大量时间而没有订单业绩时,个别学生就缺乏坚持的毅力与动力,就会放弃。工作室部分成员由于在项目学习中缺乏正确的学习态度和积极的工作精神,仅有一时的热情和创业挣钱的冲动,一遇困难就会萌生退意,参与度降低,热情锐减。关键原因在于进入工作室的动机不纯,目的不正,企业的营利功利思想超越了教育的公益性目的。

解决对策:坚守育人的公益性,着力提升学生的专业技能。

成立工作室是为了提高学生的专业技能,培养学生的创业精神,经济效益是衍生品。在工作室持续推进的过程中,由于是在真实环境中开展的真实项目,一定能有订单成交,会产生一定的经济效益。这就需要在制度约束下进行利益分配,积淀工作室的发展基金。但这是工作室发展到一定阶段自然而然的结果,不必强求,不是目的。工作室制人才培养一定要坚持立德树人的根本任务和人才培养的教育使命,而不是以营利为目的。所以,在项目实践过程中必须坚持育人导向,不忘人才培养的初心,牢记提高人才培养质量的使命。当然,在这个过程中能有更多的订单、获得更多经济效益一定会激发学生参与的热情,通过经济效益促进教育人才培养质量的提高。

问题之三:持续发展动力不足。

此问题主要有以下两种表现。一是师生工作时间和投入的精力需要保障。学生用课外时间进工作室工作,易受外界干扰,不能全身心投入,没有充足的工作时间作保障。合格的企业业务人员需要大量的时间投入工作,以维护公司的主营平台,根据产品发展的市场定位开发优质客户。而工作室的学生课程多,文体活动多,不少学生有考证、考研等任务。指导教师教学科研工作量大,团队成员在一起研讨工作的时间少。让师生有更多的时间和精力投入专业实战中成为迫切要解决的问题。二是课程设置与工作室业绩认定需要政策的支持。笔者在工作室实战中发现,相关专业的课程教学与实际企业工作项目存在脱节、不匹配现象。即使有相同课程的设计,但由于理论与实践的脱节以及学生专业理论知识掌握不牢、动手能力差,学生在进行企业业务操作时也显得很迷茫。

解决对策:完善工作室制人才培养的政策机制,建立工作室持续发展的制度保障。

　　第一，在学校层面制定推进工作室制的实施意见或管理办法，将工作室制人才培养纳入学校的发展战略和工作重点，形成全校统一的意志与集体的共识，集中学校的人财物等资源并鼓励各个院系建设各种专业工作室。第二，建立学分认定与转换管理制度，设立具有针对性、激励性的政策，实现第一课堂与第二课堂融通、专业教育与创新创业教育融通，实现工作成效与课程成绩之间的转换。要完善教师工作量计算、科研考核、教师考核与管理等方面的激励督促机制，用业绩激励师生，用制度调动积极性。第三，在课程安排上，将有关理论性强的课程采用阶段性授课、集中授课等方式进行，以便留出大块的集中时间让学生进工作室；将项目纳入人才培养方案，采用一项一课、一项多课、多项一课等多种形式将实践项目与课程融合，平衡课程教学规律与项目运行规律的冲突。工作室的项目来源于企业，具有时效性和动态性的特点，很多项目要求在短时间内完成，而课程的教学大纲具有规定性和规律性，讲究知识的连贯和技能的积累。如何平衡项目的动态性、随机性和教学的静态性、知识的连续性是工作室运行的难点。动态的项目需要静态的知识支撑，静态的知识体现在动态的项目中，动态项目可分解为若干动态的课程知识点。工作室项目是碎片化的知识，需要导师将散乱的珍珠串起来，给学生呈现精美的项链。需要在人才方案中明确规定，在工作室进行学习实践计入专业主干课程实践学时，使工作室成为实践教学的主阵地。第四，在学校和工作室两个层面均建立师生考核机制。师生干好干差不一样要有制度上的规定，工作室制不是软要求而是硬任务。要建立工作室的淘汰机制、导师的进出机制、学生的进出机制，实施动态管理；要建立工作室的考核标准，考核内容主要包括与专业主干课程的衔接以及对学科专业竞赛、校地合作项目、社会实战项目、创新创业计划、教学改革项目等的参与情况，每学期对每个工作室进行考核；每个工作室都要建立工作室章程，建立一套完善的长效激励机制。

　　本章内容对工作室的基本概念、基本特征和基本任务在理论层面上进行了解析，并展现了在工作室制人才培养过程中所遇到的一些问题及相关解决对策。其环境职业化、教学情境化、内容项目化、导师"双师化"和成果社会化的基本特征，决定了工作室制诸多实践探索的体验式、平台化、驱动性和接续性等协同育人特色，也为致力于创新创业教育实践探索工作的人们进行深度研究提供了可借鉴的参考。

第7章

跨境电商专业人才培养瓶颈和工作室制实践路径

　　由于电子商务的带动和新一代信息技术的牵引,我国数字经济获得了蓬勃发展。自 2010 年以来,跨境电商交易额每年以 30% 以上的速度增长。这种外贸新业态的快速发展,导致了对跨境电商专业人才需求量的剧增。但人才是稀缺资源,跨境电商专业人才缺口较大,成为制约跨境电商行业发展的瓶颈。在高等教育日趋普及的今天,作为人才"供给侧"的高校,其电商相关专业的学生并不缺乏。全国职业院校专业设置管理平台上的数据显示,2019 年,高职院校开设高职电子商务专业的有 1 314 个记录,开设电子商务技术专业的有 108 个记录,开设国际贸易实务专业的有 147 个记录,开设国际经济与贸易专业的有 230 个记录,开设商务英语专业的有 514 个记录,开设高职国际商务专业的有 191 个记录。本科高校开设相关专业的也不在少数。某地毕业生就业难,电子商务成为黄牌专业,其原因在于遍地开花的相关专业人才培养与行业需求脱节。为适应"双创"时代教育改革的发展趋势,更好地发挥高校二级院系办学的主体作用,构建专业院系和专业产业园两位一体的融合机制,着力建设产教融合的最小实体单位——工作室,并以其为载体开展跨境电商专业人才实践探索,不失为明智之举。

7.1 问题导向下的跨境电商专业人才培养分析

何为跨境电商专业以问题为导向对跨境电商专业人才培养进行分析，并就专业建设、人才培养与师资建设方面的缺失以及办学条件等加以细致的解读，有利于科学、具体并高效地进行工作室制人才培养。

7.1.1 专业建设的分散性

何为跨境电商专业跨境电商专业怎样对接跨境电商产业？现实情况是，一方面，我国跨境电商产业快速发展，另一方面，国内至今尚未开设跨境电商专业。为适应跨境电商产业发展对专业人才的需求，教育行政部门和高校虽然对跨境电商表现出了极高的关注度，但由于各方面的原因，迟迟没有将跨境电子商务设置成专业。多数高校一般在国际贸易、国际商务、电子商务、商务英语、市场营销等专业设置跨境电商专业方向或跨境电商课程，导致我国高等教育跨境电商专业建设分散，缺乏跨境电商专业建设质量标准，课程设置不系统，课程体系凌乱不合理，课程资源建设力度不够，人才培养缺乏针对性，培养的人才对于跨境电商行业发展的适应性不强。

7.1.2 人才培养的滞后性

跨境电商发展日新月异，知识、技术及平台规则更新速度加快，而高校里的教材更新慢、实用的教学资源少。跨境电商企业渴求上手快的实战型人才，要求毕业生经过短训就能上岗。当前高校培养的跨境电商人才仍停留在理论上的纸上谈兵阶段或沉浸在过去式的虚拟仿真阶段，人才培养内容、培养方式与培养手段明显滞后于行业的发展。学生在学校学到的理论内容达不到行业的基本要求，学生所掌握的跨境电商知识与技能难以满足跨境电商行业的发展需求。

7.1.3 "双师"队伍的短缺性

跨境电商教师科班出身的少，多是传统经济学或管理学类专业毕业后转型过来的教师，而且相当一部分教师是从家门到校门再到校门的"三门教师"，缺乏企业实战的历练，少有跨境电商策划、开发及运营经验。教师对于跨境电商的实践教学是心有余而力不足，导致学生在网店运营、视觉图像处理、跨境网点引流等方面缺乏系统的实践训练。

7.1.4 办学条件的虚拟性

跨境电商是一个对实践性要求极强的行业。高校虽已经认识到跨境电商良好的发展趋势,并开设了相关跨境电商课程,但实景式、体验式、场域式的实践教学一直是困扰其发展的重要因素。教师希望有专业的跨境电商实操环境来服务跨境电商应用型、技能型人才培养。不少学校跨境电商相关专业的实践教学仍停留在验证性的实验上,常通过教学软件进行虚拟项目演练,比纸上谈兵确实前进了一步,但和真枪实弹、真金白银的跨境电商实战之间仍存在着相当大的差距。

7.2 对接跨境电商产业链,建设跨境电商专业链(群)

跨境电商专业所对接的跨境电商产业属于数字经济的范畴。当数字成为外贸行业的重要引擎并升级为数字贸易或其他数字产业新业态时,传统的基于物理属性的独立经营模式下割裂的商务贸易行业便会被重新整合,按照新的跨界融合模式形成全新的数字产业生态链,实现跨地区、跨行业、跨经济体的互联互通。由于全新跨境电商生态链的重新构建,与之相对接的跨境电商专业链(群)也面临着跨学科、跨专业的重新整合。

跨境电商具有跨学科、专业复合性的特点。跨境电商作为一种外贸新业态,跨越了产业与教育、企业与学校等行业界限,跨越了管理学、经济学、外语与计算机等学科专业界限,涉及外语、计算机、跨境交易、支付、物流、通关、退税、结汇、涉外法律等众多环节与领域,需要系统化的人才培养。

根据跨境电商产业发展态势,"外语 + 跨境贸易"成了人才培养的刚性要求,电子商务技术和商务数据分析是跨境电商的基本技术支撑,"外语 + 商贸 + 计算机"等跨学科专业融会贯通是跨境电商人才的基本素质、知识与能力要求。对于应用性很强的跨境电商专业而言,产教融合是其生命力所在。基于以上认识,跨境电商专业一定是链条式、立体化的专业群。

以青岛黄海学院为例,跨境电商相关专业经历了从一维专业点到二维专业面再到三维专业体的蜕变:由最初的电子商务专业一维专业点,到电子商务与国际贸易联合的跨境电商专业线,到电子商务、国际贸易、国际商务、计算机等群体围合的二维跨境电商专业面,再到现如今的电子商务、国际贸易、国际商务、计算机科学与技术、商务英语、市场营销、物流管理、互联网金融等链式组合三维跨境电商专业体的持续升级、深化发展。基于跨境电商行业对人才需求的分析,将跨境电商链(群)内各专业分别开设跨境电商方向,使专业链(群)内上下游专业从不同视角聚焦,有利于资源集聚的大舰战略实施,有利于资源共享和教育与产业互补。这样,基于跨境电商专业链(群)的人才培养平台——跨境电商学院不断转型升级,打破了高等教育界把二级院系建在一级学科点上的所谓共识,跨越了经济学、管理学、工学、文学等不同学科的藩篱,打破了教育与行业、学校与企业的界限,跨界融合地建设了跨境电商行业学院、产业学院,使其成为复合、交叉、创新、创业的跨境电商专业链式人才集群大平台。

7.3 跨境电商学院与跨境电商产业园融合机制下的校企协同育人

把办学定向于地方、定型于应用、定位于教学、定格于实践的应用型院校,纷纷加强了产教深度融合、校企协同育人机制的建设。《国务院办公厅关于深化产教融合的若干意见》颁布实施后,在深化产教融合、应用型高校转型的背景下,不少高校开始了产业学院的探索。

在高质量发展的时代,这种探索运用基于互联网平台的整合性思维,跳出学校教育的条条框框,看到学校与企业资源、教育与产业的优势与劣势,寻求校企双方共同利益,为双方合作提供条件,以共建跨境电商学院和产业园。跨境电商学院是一种跨界新业态组织形式——"是学校不像学校,像企业不是企业的一种跨界新生态"。以青岛黄海学院为例,学校基于大学、产业、社会交叉影响促进知识经济社会创新发展的三螺旋理论和体验式学习及场域学习的理论,在国际商学院与数字经济创新创业园之间实施"二级学院 + 产业园"的"产教融合大平台 +"战略,学院和产业园合署办公、统一建制,实现了"院园合一",构建了人才培养与服务地方两位一体、学校育人与企业服务双向负责、一体双责的校地、校企合作长效机制,形成了校企共建学院、共建产业园、共建专业、共建特色班的合作模式,实现了二级学院和企业联盟,与行业联合,同园区联结,促进了二级学院办大学的改革,延展了学工置于工厂、学农置于农场的应用型人才培养基本内涵和路径,使学跨境电商置于跨境电商产业园成为可能,营造了学习跨境电商专业知识与技能的场域。

"院园合一"机制下,开展"学业 + 产业 + 创业"三位一体的融合式教育,使产教融合有了载体、校企合作有了利益共同体、创新创业教育有了突破口。这是一个跨境电商产业链与跨境电商专业链有效对接、无缝衔接的一体化平台,是跨境电商小微企业创业孵化成长的平台。在这个平台上,驰骋着未来跨境电商时代新人、跨境电商小微企业,运作着跨境电商企业小项目,不但企业与学校融为一体,而且项目融入课程、走进课堂。基于创新创业创客开展项目教学,强化实训式人才培养,通过项目实践创新人才培养模式,减少了人才培养的滞后性,解决了跨境电商课程设置、教学内容与方法不合理的问题,提高了跨境电商人才培养与产业互动发展的及时适应性,提高了跨境电商相关专业学生学习的积极性和实用性。

7.4 "院园合一"机制下的跨境电商工作室人才培养实践

在构建现代职业教育体系和加强应用型高校建设的背景下,工作室制的人才培养应运而生。工作室制是一种以工作室为载体,将项目与课程融为一体,将学校教师、企业员工、学生有机结合,将教室、实训室、工作室合一,使工作与学习一体化的技能型、应用型人才培养实践。以青岛黄海学院为例,该校在"院园合一"机制下将工作室制运用到了跨境电商人才培养上,并基于此来探索校企协同育人的基本规律。

7.4.1　以工作室制为抓手,深化"院园合一"校企协同育人机制

适应跨境电商发展,在国际商学院与数字经济创新创业园"院园合一"的机制下,集中人力、物力、财力等优势资源,鼓励教师以教研室为单位带领学生在数字经济创新创业园内全面推进师生同创、企生共创、学生自创的跨境电商工作室建设,使工作室和课堂、实验室一样成为人才培养尤其是实践教学的基本单元和教学组织形式之一,也成为跨境电商企业经营、学生跨境电商创业的基本形式,成为学校内部学业、产业、创业三业融合的基本实体单位。工作室不是技能大师或名师工作室,而是师生同创的跨境电商经营工作室。在工作室内,教师和企业师傅以实战项目组织学生进行跨境电商平台操作、创业运营、技能竞赛,从而升级大学生数字经济创新创业园,将国际商学院打造成极具创业氛围、创新精神、行业产业特质的优质

二级学院,促进产教深度融合。

7.4.2　以工作室为载体,完善"学业+产业+创业"的育人体系

工作室是一个个跨境电商运营的小微企业创业实体。工作室将企业经营的跨境电商项目转化为实践教学课程任务和创新创业的项目,成功实现了企业项目"融课程、进课堂",在人才培养上突出企业需求,在课程建设上融入企业项目,在实践教学上突出创新创业的特点。工作室把学校教师、在校学生、跨境电商企业有机结合起来,将教学过程与岗位工作融合,形成了开放协作的办学形式,推进了任务驱动的项目教学,促进了创新创业教育改革,提升了学校服务区域经济社会的能力。学生在学院与产业园融合机制的工作室里,组建创业团队,通过项目任务驱动学习内贸与外贸平台,承担工作室中真实具体的项目任务,学习跨境电商相关课程和外贸技能,利用企业的实操平台快速成长为专业跨境电商人才。

7.4.3　以行业需求为导向,优化能力本位模块化课程体系

这种实践探索将跨境电商产业、行业、企业、职业和实践要素融入课程建设中。它通过市场调研,明确跨境电商行业对人才的能力要求,强调跨境多语言沟通能力、跨境电商平台操作能力、跨境电商客户开发能力、跨境店站的引流能力、国际物流和海外仓库的管理能力、职业综合素质等。这种实践探索基于跨境电商主流行业岗位群需求分析明确教学目标,并作为人才培养的"逻辑起点",按跨境电商项目运营需求开发课程,形成专业课程地图和课程矩阵,构建基于行业工作过程的模块化课程体系。这种实践探索坚持跨境电商专业课程和职业岗位对接的原则,设置知识、能力、素质结构矩阵,基于工作室制实施跨境电商理论课程、项目实战、专业实践、创业孵化四位一体的人才培养方案。这种实践探索基于跨境电商工作室项目开发课程资源、实践项目资源、教材资源,建设课程资源包。

7.4.4　以学生发展为中心,基于跨境电商实践引导学生主动学习

校企合作下的专业实习实训经历了"建立校外实践基地到校外企业实习实训""引企入校、校内入企""师生同创工作室、引进企业项目进课程进行创业"三个发展阶段,但最有成效、最能激发学生学习兴趣的,是基于工作室制的跨境电商人才培养。学校引进校外跨境电商项目,鼓励师生自办

跨境电商企业,搭建师生共同参与的跨境电商工作室。工作室的企业教师和学校教师共同完成教学任务及课程考核,将跨境电商企业工作项目作为教学任务。企业提供平台账号、有竞争力的产品或服务以及有实践经验的教师,学校提供场地,配备有科研能力的教师。通过项目实践,实现了学校教师与企业经理互聘双挂,实现了学校、企业、教师、学生多赢发展。学校以工作室为主体承担跨境电商企业项目,学生以主人翁姿态参与企业的经营活动,学生是学徒,也是项目经理、企业员工。学生在阿里巴巴国际站等平台上发布产品,探寻关键词,组合新颖的标题,设计具有特色的吸引客户的详情页,接受询盘还盘,发货,收付款,增强了学生的创新意识和创造能力,受益的是学生,节省了企业的时间和成本。

7.4.5　以工作任务为驱动,教学做一体,强化实战教学和体验学习

在跨境电商工作室内,企业师傅给予项目化指导,学生以体验学习为主。学校采用"学校 + 企业"协同的实战教学模式、"线下外贸知识学习 + 线上跨境电商实践操作"融合的教学方法、"理论教师 + 实践教师"结合的教学团队、"教室 + 工作室"并举的教学形式、"业绩成效 + 工作态度"结合的考评办法,使理论与实践兼得、知识与财富共赢。在"院园合一"机制下,企业以工作室的形式入驻学校,企业提供产品和跨境电商平台,筛选产品并上传到平台。每个工作室配备学校专任教师和企业实践经理双导师,手把手教学生平台操作。工作室采用"过程考核 + 期末总评"结合的考评办法,激发学生去动手实践操作,以后台数据中真实的曝光、点击、反馈、成交等来获取学分。基于工作室制的强化项目驱动式实践教学,充分利用各种资源办教育,丰富了"做中学、学中做"的教学做合一和理实一体的教学体系,真金白银地开展实践教学,真枪实弹地激发学生的实践能力和创业潜能,把产学合作细化到课程教学中去,使课程设置与产业需求接轨,切实培养当前产业发展所需的跨境电商应用型人才,缓解了高校人才培养的滞后性。

总之,"院园合一"机制下基于工作室的跨境电商人才培养实践探索,剖析了专业建设的分散、人才培养的滞后、"双师"队伍的短缺和办学条件的虚拟等诸多现实性问题,不仅坚持以问题导向、项目驱动、集群效应和工作室载体铸建"院园合一"校企协同育人机制,更瞄准了以学生发展为中心的"实战真做"场景体验式教育目标,以更好地培养高素质应用型人才。

第 8 章

基于创客工作室的跨境电商人才核心竞争力提升策略研究

在创新思维萌生佳美创意、创客实践谱写未来蓝图的"双创"时代，创新型实践教育模式越来越注重将以学生为本的理念认知与全面提升实践效能相互融通，并更大程度上强化了任务驱动和团队合作在应用型人才培养过程中的必要性与重要性。由此，师生同创的工作室模式因其彰显人性化、共建学习性、铸造团队化和体现公益性等特点，越发地受到社会各界尤其是广大师生的推崇。越来越多从事教科研工作的人们也开始在策略上对如何基于创客工作室提升跨境电商人才的核心竞争力进行深入的研究。

8.1 创客思维模式下的工作室模式及实效探索

创客工作室是建于创客思维模式之上的创新型团队实体和高效能运营载体，它以"敢创、敢闯"的创新精神、"臻于实践、行之必达"的工匠精神、"精真信美、多元接续"的专业素养和"险中求胜、迎时而进"的逆袭品质，来实现跨界融合、资源共享、体系架构和平台延展等多种功能实效。那么，它在专业人才培养方面到底能发挥出多大的实际效用呢？

基于此，笔者曾在山东全省范围内进行了调研，发现除了以往校企合作形式之外的"企生共创"和独立性相对较强的学生自创模式，就是这种名不见经传却颇显实效的师生同创。此一特定思维下的工作室运行模式，不仅有着高效能的"双师"作指引，也实现了教与学的相得益彰，充分发挥了多学科知识灵活迁移且与多板块技能密合组接的综合实效,进而能够营造出获得真知体验的场景化教学氛围,使得实践体验与理论学习二者和谐相生,并在相互渗透中融为一体,符合应用型人才培养的目标要求。

8.1.1　创客思维模式与工作室制

创客思维模式与工作室制共同处于一种实践理念指引和创新载体推送的关系之中。二者互相关联并相得益彰,基于立德树人的终极目标,为应用型人才的培养筑建根基,也瞄准了产、学、研、创等实效成果导向,为构建全链条的创新实践型人才培养生态体系架构助力提能。

8.1.1.1　立德树人,瞄准人才培养终极目标

工作室制需要创客思维模式的导向指引作用,更离不开立德树人指向的核心滋养功效。因为精英人才之间的竞争,最终要归结于其根本素养——德行的较量,它是高素质人才培养的终极目标。尤其是在信息化、智能化力推社会发展的当今时代,教书育人工作受到了太多社会化因素的影响和各个方面的诱惑。工作室制的推行,不可只顾新鲜、新颖和新潮,而忽视了德性、德育和德行。它重在激发学生们的自我探究精神,提高其自我调适能力和应对未来挑战的本领,以帮助他们树立正确的世界观、人生观和价值观,因而需要在立德树人核心滋养的正向指引和光明统领下,不断地将单纯的知识本位学习转变为综合素养提升和实践技能应用,进而向着富有知识、深寓文化、掌握技能、懂得践行的应用型人才培养终极目标奋力前行。

8.1.1.2　产、学、研、创,发挥成果导向实践动能

创客工作室将产、学、研、创归拢于一个生态体系当中,在理论教师和实践导师的双重指导下,进一步与学生协同合作、共进创展,并通过特定的时间、空间和项目驱动,完成创新意识的萌发、核心成果的孵化。这在很大程度上不仅做到了高保真、真体验和强效能,也真正实现了"理论指导实践、实践升华理论"的良性循环。实际上,师生同创不仅重在创的过程、学的效能,也重在研的成果、产的质量,并能适时发挥成果导向的实践动能,让死的理论活起来,让常青之树开花结果,让课堂空间得到解放,实实在在地完成由闭塞容器到舒放空间的高效融通与顺畅贯通。

8.1.2 基于工作室制的创新实效

创客工作室是创客思维模式下实践教育模式的高效能载体。笔者研究发现,其创新型实效主要体现在以下几个方面。

8.1.2.1 师生同创实现了教学场景化

场景化教学重在真实和高效。创客工作室制最大的特点就是营建多场景的师生同创,不仅规避了孤岛设计的片面性、单一化和过于小众的缺陷,也脱离了单打独斗或孤立无援的尴尬境地。从一定意义上来看,师生同创是在教师和学生的合力导引与共赢趋向推动下实现的协同式创新。它设置教学场景于无形之中,也极大地拉动了团队合作与精英统领的协同成效。

8.1.2.2 "双师"导师做到了教、学、做合一

"双师"导师库吸纳了来自各行各业的实践导师和创新型人才。这些践行者不仅经验丰富,也极具前瞻眼光,他们在社会化职场竞争中多年的摸爬滚打,使得一切导引卓有成效。因此,他们对于如何去教效率高、如何去学收获多和如何去做成效好,都有着独到见解和认知心得。这种跨学科、跨专业甚至跨年龄的跨界式导师资源匹配,在很大程度上实现了教、学、做合一,成了创客工作室制中卓显实效的首选。

8.1.2.3 项目驱动促发了环境职业化

工作室环境下的项目驱动,旨在定量、求质地鼓励学生由单一的学习者角色转变为实践者,进而走出固定而狭小的教室空间,走进舒放而灵动的工坊内。此举不拘泥于呆板的教材知识传授,而是使课程项目化和项目课程化,强化了科学施教、高效提能的系统化教学理念和学生基于一定目标的动手实践能力,并注重体验式认知和探求性研习。这些对学生而言,都是为拉近其与社会化竞争的距离,不断走向未来职场而附加的适应性历练。

8.1.2.4 成果导向推动了创新协同性

成果导向是知识经济时代推动学习型组织建立与核心竞争力增强的目标理念和绝佳途径。学生进入创客空间、孵化器或是具有一定科技创新含量的实体运营组织,经过企业化的熏陶、锻造,将数据和成效融入人文知识的庞大体系之中,有利于儒魂商才品质的熔铸,这是应用型人才培育的实践动能和航标指向。

8.2 工作室模式下的跨境电商人才核心竞争力

应用型的跨境电商人才不仅具备专业的跨境电商知识、良好的外语交际能力,也能审时度势、迎时而动。这表明,人才本身的综合素养主要通过自身的核心竞争力体现出来。

8.2.1 跨境电商人才核心竞争力的概念诠释

全面理解跨境电商人才核心竞争力的概念显得尤为重要。人们往往会将其纳入专业人才综合素质的体系当中,并辅以细分板块的实效案例解析。在此,笔者想从基本概念入手,并结合其主要体现,诠释工作室制下核心竞争力的实际功用。

8.2.1.1 核心竞争力

核心竞争力是个体或集体具备的应对内外竞争压力并领先于他人或团队的长效性整体合力,一般难以被外界复制或模仿,主要表现在创新思维、创造能力和创意生发等诸多方面。核心竞争力不是一个脱离了运行轨道的点,而是一条串珠成链的线和一个接续过去、现在和未来的面,并不断呈现出多维视角和立体场景,无论作为个体还是整体,都是对其综合素质和跨界能力的全面化考量。核心竞争力的各个点、线、面,共同处于一个保持着相对竞争优势的平衡系统之中。

8.2.1.2 跨境电商人才核心竞争力

跨境电商理应是专业性较强的专业集群,其人才的核心竞争力主要是基于跨境电商专业知识技能掌握的创新型综合应用能力,其中不可缺失品德素养、工匠精神和专注品质,更要具有国际化思维和大双语视角,并能够充分利用信息化技术和智能型平台,在社会化市场和职场化空间中大展身手,以在更广阔天地中获得突破性提高与创新型发展。

8.2.2 跨境电商人才核心竞争力的主要体现

具体来讲,跨境电商人才的核心竞争力,最为关键的是儒魂商才素养的具备,不仅要具备跨境电商本身的专业知识与核心技能,也要具备诸多包括内在品质、执着精神和辐射效用等在内的人文元素,这些也是人才竞争最为核心的支撑和最具内涵的蓄养。跨界能力也极为重要,它是在创客思维特定的模式下,基于跨境电商专业知识链条的跨学科、跨专业、跨行业知识迁移能力的资源整合与核心要素的高效利用。创新思维更是必不可少，这是跨境电商人才核心竞争力在知识经济时代和"双创"教育时代得以高效发挥功用的实践动能和突显卓越的能量汇聚。

8.2.3 工作室对人才核心竞争力的助推功用

创客工作室是构建场景化教学和项目式课程体系的实践载体，是招引"双师"导师的汇集场地，也是以任务型思维力推成果导向的践行模式，对于专业人才核心竞争力的增强起着不可忽视的作用。

首先，创客工作室迎合了产、学、研、创一体化融合式应用型人才的培养需求，极力倡导培育专业素质高、动手能力强、创新想法多、实践成效好的多面手，真正为全面增强跨境电商人才核心竞争力提供了多视角、大平台的创新思路。其次，创客工作室避免了教材内容的平面化限制、教室空间的固定性弊端和知识传授的低效能疏漏，在教中做、在做中学，也在学中进、在进中升，是实现教学相长的时兴思路，是实现师生同创的高效平台，能够为培养宽视野、高远见的精英式人才铺路架桥，迎合并满足了核心竞争力中践行理实一体理念、秉持"知行合一"校训和具备远见卓识等核心素养的标准与需求。最后，创客工作室重在创新、创行、创展，在个性化的施行模式上创新增效思路和拓展轨道，在精益求精的实践过程中创行革新方案和课程体系，在师生协同、校企合作中创展教育成效与代表作品。这些都是跨境电商人才核心竞争力中必备的接续性核心动能。

8.3 跨境电商人才核心竞争力的提升策略研究

跨境电商人才核心竞争力的增强，需要"专创"融合、多元增效的生态体系架构，是一个渐进而深的过程，而不是单靠跨境电商本身作出多大的实践性努力就能够解决的。它主要是全人才培养目标的树立、全要素核心功用的发挥、大双语交际轨道的疏通以及高精专能力的提升。具体而言，其提升策略见图8-1所示。

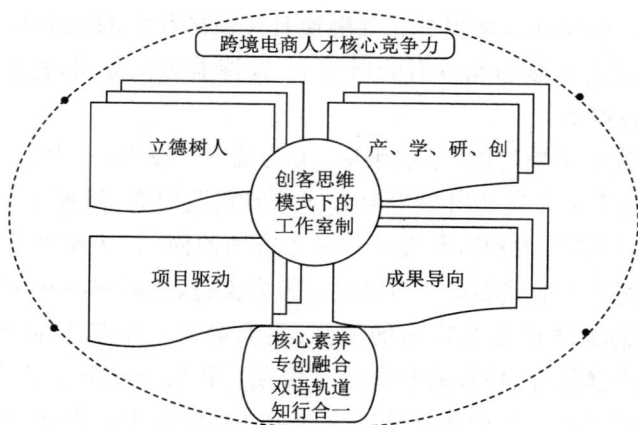

图 8-1　跨境电商人才核心竞争力的提升策略

8.3.1　国学内涵支撑

跨境电商人才核心竞争力的增强,不能缺失优秀传统文化精髓(尤其是国学内涵)的支撑。在这里,它主要凭靠的是儒魂商才素养所提供的核心动能。要基于创客工作室实践载体增强跨境电商人才的核心竞争力,一方面要挖掘优秀传统文化的深厚内涵,另一方面要探究德育思想灿烂光辉普照下的专业品质锻造路径。因为跨境电商人才是国际化的应用型人才,要实现造福于全球的终极目标,素养德行和职业操守理应成为重中之重,也是应用型创新创业人才培养的根本导向。

8.3.2　双语轨道疏通

跨境电商本身做的是实战性较强的跨境贸易,双语能力的具备自是必不可少。跨境电商人才的培养更要依托各种有效形式和适用路径,不断增强其占领国际市场高地的核心竞争力。实践证明,双语能力的欠缺,早已成为阻碍全球化跨境贸易顺利进行的短板,由此高效能地疏通双语轨道应成为常态化措施。目前,基于工作室的双语轨道疏通策略,多表现为深入外企调研并对具体业务内容进行实践体验,通过海外游学、跨界研学的方式捕获未知和探讨新知以及在工作室模式下开展多平台联动和协同式合作等。

8.3.3　知行合一践行

知行合一作为一切教育模式和实践活动的纲领性指导理念,是一个将专业理论认知和实践技能提升相互融通且又循环往复的生态型接续系统。它在跨境电商人才核心竞争力的增强上,发挥着方向导引、思想统领和体系规整等多种作用。

以青岛黄海学院为例,学校秉持"知行合一"校训,着力开展"院园合一"机制下基于工作室的跨境电商人才培养实践研究,发挥了工作室载体在人才培养、学科建设和特色发挥等各个方面的同创、共赢和并进功效,为增强跨境电商人才的核心竞争力提供了智力支持、资源补给和空间保障。

跨境电商人才核心竞争力的增强,需要融入一个具有前端基础知识铺垫和德育内涵滋养、中程教育施行节奏控制和实践教学质量监管以及后续体系维护和实践功效创新提升理念的生态系统当中。由此,基于创客工作室的人才培养策略,就应该充分考虑到无定量、有定法和多实效的践行思路与发展理念。不少的创客工作室建设和运营实践也已经证明,要在新时代创新型实践教育中占领人才培育的制高点,必须要在教育实施方案当中创建富有文化内涵、看重技能提升并卓显综合实效的高效课堂和实战空间。那么,汇聚了大数据时代信息化技术和智能性平台的专业化数字经济创新创业园区,便是一棵能够让创客工作室不断生出梦想的翅膀而向天高飞的常青之树,师生同创思维就是它不断得以枝繁叶茂的能量聚合,而诸多高技能人才和实践导师所发挥的实践功用,便是其智库引领催生出的累累硕果。它们共同营造、见证着极具核心竞争力的跨境电商高技能应用型人才所创造的一个又一个奇迹,势必为更富前景的学科建设和更具实效的人才培养带来新的希望。

第9章

基于工作室的跨境电商人才培养探究

　　跨境电商作为对外贸易的一种新业态,在我国经济发展过程中起着举足轻重的作用。跨境电商业务的不断壮大,对跨境电商人才的需求缺口也进一步加大。目前,高校对于跨境电商人才的培养的探索,主要是依托国际经济与贸易、电子商务、外语等专业,开设跨境电商方向或者增加跨境电商相关课程的学习,教学手段还不够完善,教学效果还不够好。

9.1　传统课程体系的不足

　　高校人才培养方案,主要根据人才培养的定位,结合人才培养目标,制定相应的课程体系。传统的课程体系,主要以"理论 + 实训"的模式进行:一是在课程中设置理论学时和实验学时,两者各占一定比例;二是课程理论学习结束后,利用 1 ~ 2 周时间进行集中实践学习。笔者经过企业需求调研后,发现以上两种方式存在着如下问题。

9.1.1　师资以理论教学为主

　　目前,高校的专任教师以研究型院校的毕业生为主。高校在引进师资时,主要考量其科研能力和学历水平,具有跨境电商实际操作能力和行业经验的教师较少。大部分教师擅长理论知识的传授,教学方法和教学手段主要依赖于教材。这种门到门引进的师资,缺乏实战经验,缺乏行业岗位能力和岗位素养方面的教学能力。

9.1.2 课程教学缺乏实践性

跨境电商课程注重操作性,在课程教学中,就不能拘泥于传统的理论教学。国家相关政策要求在人才培养中及时更新课程的设置和课程的内容,加强课程教学的实践性。由于许多跨境电商平台进入门槛不断提高,需要使用企业身份,并有高额注册费用,高校利用真实环境进行实践教学已不现实。校内实训仅限于教师指导的模拟操作阶段,借助模拟进出口平台进行实践教学。虽然模拟环境与真实环境操作流程基本一致,但受模拟平台本身的限制,流程固化,与实际交易环境仍有一定差距。

9.1.3 实践性课程教学效果不佳

跨境电商课程体系,强调课程的实践操作性,需要理论与实践相结合。但是在实际授课中,教师注重理论讲授,教学方法比较单一,缺乏灵活性,欠缺对研讨式、启发式、案例分析式方法的运用。在实践环节学习中,学生以听教师讲授为主,单纯利用软件进行模拟,完成既定的任务,缺乏跨境电商思维和实际操作应用,教学效果不够明显,很难达到企业生产的要求。

9.2 校企合作工作室的优势

成立校企合作工作室,教学内容围绕企业的项目展开,能够利用企业的资源进行教学,学生的实践操作能力不断提高,符合跨境电商人才培养目标的要求。

9.2.1 真实企业参与教学

引入真实企业后,学校提供场地,由经验丰富的教师牵头,选拔学生小组团队,与企业共同成立校企共建工作室。在工作室中,企业提供真实的产品,并依据跨境电商平台,提供相应的平台账号,通过传授相关技能知识,让学生利用真实业务操作,大大提高了学生的实践能力。

9.2.2 课程内容基于真实项目

工作室实践教学根据企业实际运营需要,采用项目导向和任务驱动的模式进行。课程内容不再是完全根据教材讲解,而是借助企业的真实项目展开。将跨境电商课程进行改革,把原本与实际环境隔绝的课本知识与现实接轨,学生所学的知识都是企业的真实业务,并能体会工作岗位所需要具备的能力,为以后的工作奠定了基础,教学效果大幅提升。

9.3　基于工作室的跨境电商人才培养模式的构建

在"互联网 + 外贸"背景下,传统中小型外贸企业亟须转型升级,新兴跨境电商经营企业高速发展,对跨境电商人才的需求不断扩大。由于跨境电商企业对兼具国际贸易和电子商务素养的综合型人才需求较强,单一的理论型专业人才培养无法满足企业对应用型人才的需求,而研究基于工作室的跨境电商人才培养,在一定程度上能解决企业人才需求的短板。

9.3.1　基于工作室的跨境电商人才培养解决的问题

基于产教融合,"院园合一"校企协同育人机制利用校企共建工作室,可有效解决跨境电商人才培养中的诸多问题。

9.3.2　教师实践教学水平的提高

校企共建跨境电商工作室是基于"院园合一"校企协同育人机制。工作室搭建平台,引企入校,不但提供了实践教学的平台,其自身更是培养高校专任教师业务水平、提升实践教学能力的平台。随着跨境电商应用型人才培养的不断变革,高校专任教师不得不参与到这场变革中来,这就需要高校专任教师不断提升自身的专业实践能力,参与工作室的真实业务,不断获取企业工作经验。在此过程中,高校专任教师的实践教学能力得到不断提高。

9.3.3　课程设置与实际岗位紧密结合

跨境电商工作室由企业和学校共同培养相关专业人才。企业真实跨境电商项目引入工作室后,需要企业和高校共同确定人才培养的目标和课程内容,通过分析跨境电商行业主要岗位建设模块化课程体系,把跨境电商专业课程和职业岗位进行对接,在教学中整合国际贸易、物流、电商、信息技术等专业资源,打造具有竞争力的跨境平台课程体系。

9.3.4　教、学、做合一,提高学生实践能力

在项目导向和任务驱动模式的教学工程中,教师和学生角色发生变

换,改变了以往传统的师生关系。在工作室内,教师成为工作室导师,学生以主人翁姿态参与企业的活动,学生是学徒,也是项目老板,还是企业员工,把学习的环境转变为工作的环境。学生在做中学、学中做,不但获得了知识和能力,在顺利完成项目任务后,还可获得一定收益。学生学习实践技能的积极性和主动性显著提高。

9.4 基于工作室的跨境电商人才培养具体做法

2015年开始,青岛黄海学院构建"院园合一"校企协同育人长效机制,依托国际商学院进行实践,取得了显著成效。在目前国家没有开设跨境电商专业的情况下,国际商学院结合学校实际,将国际经济与贸易、电子商务、物流管理、市场营销、国际商务、互联网金融、商务英语、计算机科学与技术等本科专业融合,形成跨境电商专业群,借助校内外资源,进行产教融合、校企合作、工学结合,培养跨境电商人才。

9.4.1 校企共建,搭建工作室平台

在产教融合、校企合作、工学结合思想的引领下,学院全面推进跨境电商工作室建设,不但把工作室建成和课堂一样的人才培养尤其是实践教学的基本组成单位和形式,而且使工作室成为产业经营、学生创新创业的基本形式。现在,依托真实企业,学院已搭建乐行-朗威国贸创业工作室、启梦-华灿国贸创业工作室、先行国际物流创业工作室、云商海购创业工作室、"0到1"创客工作室、米糯BABY童装工作室、"小毛桃"软件创新工作室、创意自媒体工作室、创意美工工作室、创意运营工作室、创意摄影工作室、青岛创梦工作室、启航创业工作室、跨境贸易工作室、青岛优尚跨境电商工作室、青岛猛犬网络科技工作室、大数据学院V平台创新工作室、营销创新工作室等近20个跨境电商工作室。

9.4.2 项目化课程体系建设

跨境电商工作室以企业需求为导向,结合企业岗位需求,以人才培养目标为中心,分析课程教学目标,将跨境电商企业项目纳入教学任务,分阶段进行学习。专业基础知识学习,如外贸进出口业务流程、网上支付与结算、国际物流、报关报检、外语能力,通过课程模块、课内实训进行。跨境电

商工作室模拟实训学习过程,组建不同的团队,针对网络营销、跨境电商运营平台、跨境电商物流等课程,从简单业务开始,逐步提高难度,完成不同的跨境电商业务,并对业务进行考核,合格后进入真实运营阶段。真实运营阶段以企业真实项目作为载体,导师根据学生前两个阶段的实际情况,匹配不同的产品和运营平台,让学生进行实际业务操作。在此过程中,导师跟进学生项目,并进行全程指导。

9.4.3　"双师型"师资队伍建设

基于工作室的跨境电商人才培养,需要"双师双能型"师资队伍。为满足跨境电商人才培养师资的要求,跨境电商工作室实行双导师制,学院引进企业导师数十人常驻学校,为学生实践教学和真实项目运营提供保障。跨境电商工作室将跨境电商企业工作任务作为教学任务,由工作室的企业导师和学校教师共同完成。学校教师直接参与企业的真实项目,和学生一起完成企业项目的运营,在此过程中不断获取企业的项目运营经验。此外,学院每学期选派优秀教师到相关企业进行挂职锻炼,提升教师的实践能力。企业导师通过对企业项目的指导和全面参与,教学能力和教学态度也得到了不断提升。

9.5　基于工作室的跨境电商人才培养存在的问题及对策

工作室作为一种实践载体,在跨境电商人才培养方面不可能完美无缺,在具体实践中不可避免地会存在一些问题。笔者在此结合实际情况,加以详细列举。

9.5.1　基于工作室的跨境电商人才培养存在的问题

跨境电商工作室在人才培养中提升了学生的实践操作能力,在学生创新创业能力的培养上有一定促进作用,但在实际运行中存在着一些问题,需要在运行过程中不断改进。

9.5.1.1　企业投入力度低

学院提供专门场所成立校企合作跨境电商工作室,需要选择合适的企业进行合作,与企业建立稳定互信的关系,企业才会无偿地提供资源给学生用。目前,学院吸引了青岛速美全球国际贸易有限公司、青岛中云达商贸有限公司、青岛莱德威工贸有限公司、青岛赞纳国际体育文化有限公司等企业入驻学校,在跨境电商工作室建设中起到了积极作用。但是,受到各家企业自身的影响,合作效果不明显。企业在实训条件的投入上力度较小,一些企业入驻学校没有长期规划,缺乏系统的人才培养体系,只注重经济效益,入驻后不够稳定,在经济效益不明显时即停止合作。企业因考虑成本等原因在投入上缺乏积极性,育人效果不明显。

9.5.1.2 缺乏评价体系及激励措施

跨境电商工作室成立之后,需要系统的工作室管理制度保障其良性运营。就目前跨境电商工作室管理来看,工作室管理制度还不够健全,特别是在工作室激励措施和评价制度上还存在不足。工作室跨境电商人才培养注重实践技能的获得,学生学习的跨境电商相关知识与企业实际工作项目脱节,在评价上片面地依赖项目的完成情况,忽略学习的过程和实践能力的提高,导致评价结果不够客观。此外,学生在工作室中完成既定的项目后没有得到相应的激励措施,导致学生的积极性受挫,进而导致学生的流动性较大。

9.5.1.3 缺乏时间和精力的投入

跨境电商工作室成立之后,学生团队的选择是一个非常重要的环节。目前跨境电商工作室的学生包含各年级的学生,但是,大一、大二的学生因其开设的公共课较多,利用工作室进行实践能力学习的时间得不到保障;而且大一、大二的学生刚开始学习专业知识,对跨境电商知识学习较少,在工作室进行真实项目操作存在困难。大三以上的学生在工作室实践学习方面理论上来讲有充足的时间,但是受到就业、考研的思想的影响,在工作室的时间投入上也不是很理想。而对于指导教师来讲,学校的科研、教学等压力,也会导致教师把大量时间投入科研、授课任务中去,无法保证对工作室学生项目的全身心指导。

9.5.2 基于工作室的跨境电商人才培养的解决对策

找到了跨境电商人才培养中的这些问题,才好对号入座地想办法进行解决。现从校企同育、多元评价和增加用时等方面对这些问题予以分析。

9.5.2.1 建设校企共同培养的人才培养模式

在工作室跨境电商人才培养中,校企双方要制定共同的人才培养方案。在人才培养方案制定中,学校成立由行业、企业、学校三方参与的专业建设指导委员会,定期开展工作,发挥行业、企业的作用,结合行业跨境电商发展趋势和企业跨境电商岗位需求,逐步完善跨境电商人才培养体系建设。学校不断建设专业教学资源库,开发慕课等学生学习资源,优化课程体系和教学内容,开发项目化教学内容情景化的教学模块,提高人才培养的质量。

9.5.2.2　采用多元化的评价方法

跨境电商工作室在运行过程中建立多元化的评价制度,可以调动学生学习的积极性。考评过程中,工作室注重过程考评,以项目为中心,采用任务驱动的学习形式,结合企业标准、行业标准来评价学生的学习成效。在评价过程中,工作室依据项目的最终完成情况,根据团队的任务分工及贡献程度,采用不同的评价方法和标准。此外,评价要全面,不能单纯依赖教师的自主评价模式,要积极构建学生自评互评、教师评价、企业评价三方评价机制,将学生的理论知识评估和实践操作过程相结合,客观公正进行评价。

9.5.2.3　增加教师和学生时间投入

为保障教师和学生在工作室中的时间投入,需要完善激励督促机制,用业绩激励师生,用制度调动积极性。教师方面,学校制定教师参与工作室的管理办法,在绩效考核、职称晋升等方面给予保障,以解决教师在工作室中投入时间不足的问题。学生方面,学校制定相关的学分认定制度,学生在工作室进行任务驱动学习和项目实战,可以与所开设的部分课程进行学分互认。此外,还可以将部分课程作为专业方向课程植入企业工作室,使学生在工作室工作的过程也是一个学习专业相关课程的过程。每学期末可以对学生进行相关课程学分的认定,以之作为学生修读学分的依据,成绩合格,获得学分计入总学分。

基于工作室的跨境电商人才培养,就是依托校企合作共建工作室,紧紧围绕行业、企业对于岗位能力的要求,结合企业的实际项目运作,通过任务驱动,进行真实情景操作的人才培养。在此过程中,校企共同制定人才培养目标,不断加强师资队伍建设,提高高校教师的实践教学能力,通过双导师制进行项目化课程改革,校企共同培养学生,不断提高学生的实践操作能力,以适应跨境电商行业的不断发展对人才的需求。

第 10 章

基于工作室的跨境电商应用型人才培养实践研究

随着跨境电商行业的快速发展,跨境电商应用型人才需求剧增,跨境电商应用型人才成为阻碍企业顺利推进跨境电商业务的重要瓶颈。青岛是山东省首个获批的跨境电商试点城市,跨境电商迅速发展,市场对跨境电商人才的需求给地方院校跨境电商人才培养提供了重要机遇和挑战,因此高校跨境电商人才培养模式改革势在必行。

10.1 跨境电商人才培养和研究现状

通过对高校跨境电商相关专业的调查与分析发现,目前高校虽然对跨境电商关注度高,但极少开设跨境电商专业,仅有少部分学校在跨境电商相关专业下设置一门与跨境电商相关的课程。由于课程体系设置不够合理,跨境电商从业人员难以满足企业需求。高校缺少专业的跨境电商实践环境,导致学生在视觉图像处理、网店运营和推广等方面缺乏实践经验。另外,跨境电商技术及平台规则更新快,涉及面广,使得市场上大部分的跨境电商教材内容都没有统一的教学大纲和核心教学点,教材内容五花八门,适合高校教育教学的跨境电商教材及课程资源相对较少,给高校跨境电商教学带来了一定的困难。

近年来,随着跨境电商行业的快速发展,关于跨境电商人才培养的研究文献也逐渐增多。马霞的《"互联网+"背景下应用型本科院校跨境电商人才培养模式研究》指出,高校必须更新人才培养的观念,以"互联网+"的理念引领人才培养的工作,从以高校为主导的供给驱动,转为以跨境电子商务企业为主导的需求驱动,培养合格的跨境电商人才。戴明华的《校企合作跨境电商人才培养模式创新研究》指出,企业参与跨境电商人才培养的途径、方式、共赢模式是解决问题的关键。范新民的《高等教育国际化与跨境跨境电商人才培养:跨界融合角度》指出,要结合国家区域经济和学科发展的社会需要,制定以企业为主体,以市场为导向,产学研相结合、跨界融合式的人才培养方案,打造应用型、技能型、复合型的跨境电商人才,提高学生自主创业就业的综合竞争力。基于工作室的跨境电商人才培养模式可以把高校教师、在校学生、跨境电商企业三者有机结合,将教学目标与岗位职责对接,将教学过程与岗位工作内容融合,将课程考核与岗位考核相统一,形成开放而有效的人才培养模式。学生可以通过工作室中的具体任务,积极参与,解决问题。工作室对学生的培养不仅是技能层面的,而是全方位的,从科学精神,到拼搏精神,到团队精神,真正教会学生如何做人、做事和学习,实现了全方位、全过程人才培养。这无疑是有效的跨境电商应用型人才培养模式。

10.2　依托工作室开展跨境电商应用型创新人才培养

目前,随着跨境电商产业的不断发展,高校跨境电商人才供给在数量和质量方面都远远不能满足和适应行业、企业的快速发展。基于工作室的跨境电商人才培养模式可以把高校教师、在校学生、跨境电商企业三者有机结合,将教学目标与岗位职责对接,将教学过程与岗位工作内容融合,将课程考核与岗位考核相统一,形成开放而有效的人才培养模式。

为适应青岛西海岸新区外向型经济发展,满足半岛蓝色经济发展对高素质应用型电商人才的需要,青岛黄海学院国际电子商务学院看准潮流背后的机会,积极行动,把创新人才培养模式、培养跨境电商人才作为当前的新方向,形成跨境电商人才培养课程群,尝试基于工作室的跨境电商人才培养模式。在该培养模式中,学院引进企业,共同搭建跨境电商工作室。企业提供操作账号、有竞争力的产品或服务以及有丰富经验的实践教学教师,学校提供场地、有丰富的教学与科研能力的理论教师以及即将踏上工作岗位的大学生。跨境电商工作室的平台可培养出企业需要的能够胜任工作岗位的大学生,解决大学生的就业问题,同时满足自身的用人需求,节省员工培训时间和费用。

青岛黄海学院目前有师生同创、企生共创和学生自创等三种类型工作室。跨境电商工作室是学校电子商务、国际经济与贸易专业校内生产性实训基地的组成部分,为学生提供产品拍摄、图片处理、店铺运营等所需设备和场地。跨境电商工作室以企业导师和校内跨境专任教师为指导教师,引进企业的项目,通过阿里巴巴国际站、速卖通、敦煌、亚马逊、WISH等平台,帮企业搭建平台店铺,进行运营和推广引流,把青岛的特色商品推向海外。

10.3　基于工作室的跨境电商人才培养实践

工作室制下的跨境电商人才培养,不能只是概念上的东西,而需要在实践中发现问题并谋求解决方法,通过一系列实效措施提升育人实效。

10.3.1　校企合作成立跨境电商业务工作室

目前,青岛地区跨境电商生态圈已初步形成,围绕各大跨境电商平台产生的各类电商相关服务业务需求量巨大,例如跨境电商外包服务、平面设计服务、网络营销服务。青岛现有上万家中小外贸企业,大量的需求为我校跨境电商实践工作室成立和运营提供了有利条件。青岛黄海学院跨境电商工作室由校企合作成立,企业充分参与到人才培养目标的制定中,校企共同制定人才培养方案。企业结合岗位工作需求,高校结合人才培养的可行性,共同进行课程及其教学内容设定。在跨境电商工作室运营过程中,工作室学员会在工作室教师带领下学习产品拍摄、修图、定价、标题制作、运费模板设置、产品上传等一系列的流程操作,由工作室的企业讲师和高校教师共同完成教学任务及课程考核。同时,学生课余时间可以参与到工作室的运营中,进行真实的业务操作,促进自身实现自主创业。

10.3.2　校企共建基于工作室平台的人才培养模式

学校基于跨境电商工作室,形成以岗位核心技能和工作过程为导向的教学内容和教学过程,进一步优化课程体系与教学内容,设置符合跨境电商企业相关岗位需求的专业人才培养目标。学校将跨境电商企业工作任务作为教学任务,引入企业讲师参与课堂,形成校企协同育人模式。青岛黄海学院非常注重为学生引入来自企业的实践项目,专门在跨境电商实训基地开辟了多个跨境电商实践工作室,以供以工作室为主线的跨境电商学生团队开展输出项目。

10.3.3 基于工作室平台,建立以岗位技能为教学内容的课程体系

跨境电商业务实战工作室的建立,促使学校与企业作为人才培养的双主体,发挥双方协调育人的资源优势。学校借助工作室平台吸引企业入驻校园,通过实施产教融合,与企业共同承担应用型跨境电商人才培养的任务。学校以社会需求为导向,通过行业、企业调研,结合区域经济发展,构建具体明确的跨境电商应用型人才培养方案,并以人才培养目标为中心,通过跨境电商生态圈岗位和工作任务分析分解,形成以岗位技能为主要内容的课程体系,课程目标会根据市场因素的改变而进行相应调整。青岛黄海学院校企联合培养跨境电商人才方案中,植入商品图片拍摄与处理、跨境图文营销、跨境电商多平台运营等企业课程,从第二学期到第五学期设置了跨境电商入企实训课程,匹配学生入企。在该课程中,学生以团队形式开展跨境电商实践或创业活动。

10.4 跨境电商工作室运行、管理与保障

跨境电商工作室需要依托一定的空间实体,其运行离不开科学的管理制度和良好的保障条件。这也关系到项目来源、团队建设、绩效考评等多方面内容,需要工作室在一个相互关联、不可分割的平台系统中发挥自身作用。

10.4.1 工作室项目来源

青岛黄海学院大学生创业孵化基地所设项目、"双师"共同承接的企业项目、社会化校企合作项目和校内学生自创项目等,构成了跨境电商工作室的主要项目来源。

10.4.1.1 青岛黄海学院大学生创业孵化基地企业项目

青岛黄海学院大学生创业孵化基地吸引了很多跨境相关的创业实体和创业团队入驻,其中以青岛莱德威工贸有限公司、青岛速美全球国际贸易有限公司、青岛中云达商贸有限公司、青岛赞纳国际体育文化有限公司

为典型的校内跨境电商工作室,呈现出良好的发展态势,带动学生就业创业的成效显著。

10.4.1.2 "双师"承接企业项目

企业导师具有丰富的跨境实战运营经验,承接了许多跨境电商代运营项目。校内教师通过项目责任制承接电商项目,积极服务青岛本地中小型企业,并为其开展电商业务提供营销推广、客户服务和人才培养等服务。通过校内和校外教师的共同努力,工作室可以承接一些优质的中小型企业项目。

10.4.1.3 青岛传统产贸企业找到学校,寻求合作

青岛跨境电商人才非常紧缺,企业很难招聘到合适人才,有些企业提前来学校预订人才或进行校企合作。例如,看到学校平台发布的校企合作函,有的企业主动联系学校寻求合作,想通过跨境平台拓展海外市场。

10.4.1.4 有优势货源的在校生自主创业

在校学生有优势货源,可以在工作室自主创业,工作室评估他的项目可行性,然后决定是否给予支持。例如,有位在校生的家族企业产品——新型3D墙板在海外比较受欢迎,他就主动提出入驻工作室,成立青岛优尚跨境电商创业团队。

10.4.2 跨境电商工作室运营与管理

学校允许校内教师职业内创业,带领学生团队做项目,解决教师实践缺乏问题。跨境电商工作室的运营模式是优选学生组成团队,在企业导师和校内教师的指导下,把企业真实的电商项目交由学生团队去完成。

10.4.2.1 工作室运营与管理

跨境电商工作室项目整体运营由学校指导教师统筹,进行决策,并管理团队,企业作为合作方参与项目,提供运营建议。企业入驻工作室或者定期过来指导,从专业的角度分析在运营过程中所遇到的各种问题,使工作室在全真的创业环境下进行运营活动,营造真实的职场工作氛围,使学生提前进入社会角色,明确工作目标和任务,以此提高对学生的管理水平,提高工作室的效率。

校内教师在工作室中边学习边与学生共同进行实操,解决了校内教师

力量在实践环节较薄弱的问题。工作室为学生提供了真实的实践操作平台。学生在参与企业店铺运营过程中学到实操的内容,完成项目特定任务或项目有收益时还可以拿到提成,大大提高了学生的参与积极性。企业从实际需求出发,拟定相关业务岗位的技能考核标准,和校内教师共同负责考核学生团队,以项目完成情况来评估整个团队的成绩。

10.4.2.2　工作室的考评

导师每月至少开展一次业务交流活动。工作室运营期间,导师以工作室为单位,工作周期内按照计划完成带领学员参与项目开发、创新活动以及培养技术技能人才、创新成果等任务,产生较好的育人效益、经济效益和社会影响。校内工作室负责教师每学期向创新创业教育学院汇报一次工作室的运营情况,并提交一份总结报告,展示工作室学生的项目成果。相关专家根据成果共同打分,对工作室进行考核。考核结果分为合格和不合格两种。

10.4.2.3　学校政策支持

帮企业做真实项目的过程最能检验学生所学的知识和能力。这既是一个学习的过程,也是一个逐步看到成果的过程,为在校生以后创业提供了知识积累和实践经验。学院根据拟定的项目进行评估、考核,并根据结果给予教师课时补助。学生参与工作室项目实践成绩优良的根据学校规定还可以申请学分置换。对工作室参与师生的鼓励和鞭策,有助于形成良性的竞争运作机制。

10.5　跨境电商工作室案例——创意美工工作室

下面主要从人员组成、项目承接、实践成效和所起作用等方面,对创意美工工作室加以介绍。

10.5.1　创意美工工作室

为进一步拓展实践课程的理念,让学生融入学习的氛围中,工作室实施导师制授课,带领学生更快了解跨境电商美工行业。导师辅导学生进行图片制作、美工设计、店铺装修、产品摄影等。由于学生学业程度不一样,所以工作室在电子商务及国贸专业大二年级中先挑选一部分美工基础较好的学生,根据学生上课情况,适当地安排跨境电商美工任务,如主图、阿里巴巴外贸直通车 P4P、海报、详情页、首页设计制作。

创意美工团队成员包括指导教师、美工专员、摄影师、宣传专员、客户维护专员。工作室前期先接一些简单的图,一方面了解学生美工水平,另一方面先使学生适应美工工作,再调整工作内容,以便后期工作顺利进行。学生每次设计完作品都经指导教师审图,并提出修改意见。学生做的每单设计费用,都由指导教师进行统计,每月一次性付给学生,鼓励学生自己挣钱。前期工作以锻炼学生为主,后期学生水平提高后,工作室鼓励学生自己创业;学生之间加强交流,相互学习,共同进步。

10.5.2 工作室项目承接

工作室自成立以来,由教师、学生分别引流、寻找顾客,已承接多个大型项目以及小型项目。大型项目包括毛绒玩具拍摄及制图、进口制冷家电拍摄及制图、化妆品拍摄及制图、儿童服饰拍摄及制图装修、出口贸易箱包拍摄及制图等。下面以儿童服饰项目为例阐述项目运作过程。洽谈顾客,即对于儿童服饰项目的洽谈,首先由指导教师通过社交平台宣传吸引商家洽谈。学生上门走访,介绍工作室构成,最开始顾客并没有很信任学生制图,但经过顾客实地考察并查看往期作品,最终签下项目。实物拍摄,即由学生将儿童服饰带回工作室,并分为主摄影与辅助摄影进行拍摄,布置灯光、场地等。美工制作,即将拍摄的图片进行精修,将产品主图与详情页、首页分组进行制作。由于产品为儿童服饰,购买人群基本为女性,所以产品图片为暖色调级卡通排版。顾客确认,即将产品图片与制作图片传给顾客,初稿就得到顾客的好评,顾客强调后期还会继续合作。店铺装修,即经过顾客确认,工作室成员将产品与首页进行后台店铺装修,顾客评价满意,并达成后续合作意向。

10.5.3 创意工作室成效

工作室成立一学年以来,学生已经可以独立接单、与顾客洽谈、拍摄、制作、装修店铺等。实际的工作经验让学生在学术和职业中均获得进步。这是一种旨在重点培养学生非认知性技能——即驱动力和适应性技能的培养方式:以项目组的形式,把工作实践与学习有机地结合起来,从而达到最佳学习效果。教学的核心方式是实践、团队与实际工作。相对于主流教育以课堂为核心的方式,项目组是通过实践实际项目来完成的。学生会在项目组里得到指导教师的辅导。教师制订时间表来指导工作、学习日程,使得学生更像是置身于商业领域的工作环境中,体现了工作与学习深度融合的教学原则。相信经过长时间的锻炼,工作室实习学生在毕业后,一定比同期毕业的学生能更好、更快地融入工作中。

10.5.4　工作室在课程建设中的作用

创意美工工作室在课堂中建立了"课程实训 + 工作室项目"课岗融替教学模式,使课堂教学更贴近实际,学生能掌握更多的实战经验。比如,视觉营销设计、跨境图文营销课程的实训教学任务比较繁重和复杂,基本上所有的实训教学和理论教学都是交叉进行的。为了让学生能学习到更多的实际工作技能,美工工作室把部分美工任务引入课堂教学当中,建立了"课程实训 + 工作室项目"的课岗融替教学模式。在课堂教学中,学生按照美工工作室的项目要求进行实训方案设计、规划实训步骤,实训过程在企业美工和学校教师的共同带领下进行。实训完成后作品交给企业评价,使学生的实践能力得到进一步提升,能完成更多贴近实战的实训。

依托跨境电商实战的工作室制在培养创新人才方面有其独特做法和实践效用。它不仅抛弃了简单的说教,采用以市场为导向的方法培养跨境电商创新人才,也依托了企业资源、瞄准了市场需求和整合了社会资源,并力主在真实环境中实施培养方案,让学生们在实际的业务活动中得到全方位的锤炼,从而向着应用型人才培养迈进了一大步。

第 11 章

"互联网+"背景下项目植入式教学在跨境电商中的应用探讨

伴随着互联网线上交易的不断增多,"全球买"和"全球卖"给予了跨境电商更大的发展空间,线上的选购、交易、支付一定程度上消除了传统地理区位所致的交易边界限制,增强了交易的全球性、即时性特征,极大地提高了交易效率。2018 年,财政部、国家税务总局、商务部、海关总署联合发文,明确提出自当年 10 月 1 日起对跨境电商综合实验区电商出口企业实行免税新规。综上所述,无论是当下的全球经济形势,还是国家近年的经济政策,均表明跨境电商将成为未来重要的经济模式。

11.1 项目植入跨境电商的背景和原因

近年来,跨境电商快速发展,相应的人才却很紧缺。从全国来看,这个人才缺口大概有 500 万,并以每年 30% 的增速扩大。目前,市场上跨境电商企业的从业者主要还是从摸索中转变而来的传统外贸人才,我国高校并没有相匹配的人才培养专业,导致跨境电商行业此前并没有充足的人才储备。

导致人才巨大缺口的原因主要可以归结为如下方面。其一,高校师资储备不足。跨境电商是在互联网的基础上将传统贸易变成了"互联网+外贸",是先有实践后有课程的。这个行业中真正的"老师"是来源于企业的,而这部分"企业老师"不以培养人才为主要职责,而以培养人才为主要职责的老师又不真正地掌握行业技术。其二,学生实践能力不足。虽然市场的快速发展倒逼着人才需求的上升,但部分高校开设的跨境电商课程教学的重心大多停留在书本理论知识中,学生缺乏实际的演练操作,培养出来的学生实践操作能力不足。其三,学生家长对跨境电商持观望态度。各高校为满足社会对跨境电商人才的需求,在专业方向中设置了跨境电商方向,报考的人数并不是很多。虽然跨进电商发展迅速,但它是一个新事物,学生都不想拿自己的前途来冒险。

基于上述问题和原因,为增强学生的实践能力,培养符合企业需求的跨境电商人才,学校采用将企业项目和跨境电商课程结合的项目植入式教学方法,将枯燥的理论课程丰富、活跃起来,将企业真实的项目引入课堂,学校教师和企业导师双向培养,理论知识和实践经验双向传递。

11.2 项目植入式教学方法的实施过程

项目植入式课程按项目植入的程度可分为两种类型。一种是项目以案例的形式存在于授课过程中,项目的存在是为了更好地帮助学生理解授课的内容,授课依然是以理论为主。另一种形式是项目和课程相结合,两者并重。在第二种模式中,项目的存在是为了实践理论,做到理实结合,提高学生的实践能力。本书中所指的项目植入式教学,主要是指后面一种。

11.2.1 课程的选择方面

并不是所有的课程都适合项目植入式教学。通常来说,可以做项目植入式教学的课程都具有几个特点:一是可操作比较强,例如视觉营销设计、网店美工等课程;二是短期内就可以出效果,学生比较容易上手,例如市场营销等课程;三是"互联网+"背景下资源比较丰富,学生努努力,垫垫脚就可以取得较好的效果。

11.2.2 项目的选择方面

项目的选择既要考虑学校的教学规律和学期的安排,也要考虑学生的兴趣点以及热情的持久性。学校进行一门课程改革的时间也就一个学期,通常是三四个月的时间。对于外贸的新手而言,在这么短的时间内就有成交的客户是非常困难的。而学校做项目植入式教学的目的是为了让学生去了解整个外贸的流程。然而,没有客户,没有成交,就无法让学生真实地体验到整个操作的流程。在这么短的时间内,让学生找到客户企业成交就成为学校项目植入式教学能否成功的关键环节。为突破这一环节,学校就需要在选品上下功夫。鉴于上述几点的考虑,一般认为快消品是做项目植入式课程的优先选择。相对于耐用品而言,快消品消费者的消费周期比较短,购买的频率比较高,但快消品价格不是很高,学生短时间内比较容易出成绩。有了成果,学生的积极性就容易被调动起来,对该项目及该课程的热情就都有了,课程改革成功的可能性就比较大了。

11.2.3 学生的选择方面

项目植入式课程将课堂丰富起来了。同时,学生想做好项目,课下也需要投入很多的精力。因此,在学生的层次方面,作者认为选择在第四、第五学期采用此种教学方法比较合适。因为选择靠前的学期,学生基础太差,课程安排比较多且学生的思维还不是那么开阔,做该教学改革效果不一定好。从第六学期开始,想考研的学生就开始把精力放在考研方面,学生课下的精力调动不起来,项目植入式的效果也会受到很大的影响。所以,第四、第五学期是项目植入式教学的最佳时期。在这个时期,学生经过前一段的学习,各方面都比较成熟且比较有激情,对实践操作充满冲动和愿望。此时将企业项目引入课程,理实结合,不仅受学生欢迎,而且学生可以以最大的热情和精力投入实践的锻炼中,效果较好。

11.2.4 平台的选择方面

要想学生得到真实的锻炼,就必须有真实的项目,必须有真实的平台和账号。学校不可能自建平台,只有选择第三方平台。而像阿里巴巴国际站、亚马逊、eBay 等第三方平台不仅要收取平台费用,且需要长期运营才有效果。所以,对于学校以实训为目的实践操练来说也是不合适。在项目植入式教学中,最好的平台解决方法就是借用企业的平台账号,不仅可以免去前期建站的准备工作,同时也可以免去学生假期中的维护工作。对于合作的企业,适宜选择一些小微的跨境电商企业。这样的企业规模不大,有固定的货源和物流渠道,购买的平台账号一般都有剩余,再增加新的员工成本比较高。这样的企业迫切地希望和学校进行合作,对他们来说合作是一本万利的事情,企业的热情比较高。学校将企业给的账号,以小组为单位进行分配,同时小组成员再自己申请新媒免费账号,进行产品的设计、推广引流等方面的工作。

速卖通平台也比较适合项目植入式的课程实践。但因速卖通平台是2C 的跨境电商平台,都是小额交易,运费对产品成交影响比较大且运费的计算比较复杂。如果选择这个平台,则要求跨境物流计算的精确度非常高。如果这个问题可以很好地解决的话,速卖通平台是一个不错的选择。学生不宜采用亚马逊平台,亚马逊平台对账号的管理比较严格,换电脑登录都有可能账号被封掉。因此,使用用亚马逊账号学生的受益面比较小,不适合学校做教学推广用。

初建的第三方跨境电商平台,也是学校项目植入式课程在平台方面一个不错的选择。初建的第三方跨境电商平台,亟须提升平台的流量,扩大平台的知名度和影响力。实践资源不足的学校需要的是真实的商业环境下的实践操作。企业的需求和学校的需求进行结合,学校利用企业的平台进行项目实践,对企业而言不仅可以提升企业平台的流量,学校进行实践的学生也是企业现在或者是未来的消费者或使用者。对于学生来说,免费进行了实践锻炼,也是一个难得的机会。

教师需要在学期开始时将本门课程的主要内容给学生作一个总体的介绍,让学生对项目开始之前必备的基础知识有一个总体的了解,尤其是将重难点给学生提前作一讲解,让学生学会有的放矢。课程内容的讲解可以打破原有的讲课顺序,以项目进展的顺序进行。这样一方面可以保证学生学到的知识都是在未来的岗位中有用的,另一方面也可以保证项目的正常运行,同时做到了理实结合,理论知识巩固,实践技能得到锻炼。

学校需要邀请企业人员来校对企业的产品作一个详细的讲解,包括产品的使用方法、用途以及主要的消费群体,最好可以带领学生到企业进行参观考察,给学生一个关于产品的最直观的感受。因为选择做课程植入的项目都是快消品,价格不是很高,为了让学生更全面地来了解产品,企业通常会给学生发放一定的试用装来供学生使用。同时对于一些比较有想法的学生,例如有的学生想用产品通过抖音等进行推广引流,学校给予大力支持,同时在课程考核方面给予一定的奖励。

在整个学期学生操作的过程中,学生边学边做,各方面的知识更加扎实。例如,在产品发布的过程中,首先要有产品的图片,图片需要学生自己进行拍摄。这个时候学校会要求企业放部分样品在学校的教室里,学生对样品进行各角度的拍摄,并修图用于自己负责的小组产品的发布。这些修好的照片还会产生额外的价值。企业尤其是小微企业缺乏图片的处理人员,他们会采用学生技术处理过的照片,同时给学生部分奖励。学生在奖励之下会更加认真地投入这门课程中,同时对班里的其他小组成员产生一个刺激,在整个班级形成一个你追我赶的学习氛围。

11.3 课程的多元化评价体系的构建

项目植入式教学的评价体系包括教师的评价体系和学生的评价体系两部分。这两种评价都不仅仅局限于教师和学生的课上表现,毕竟课上的时间是有限的,并不能展现全貌。项目植入式课程的教师在上课的时间主要是讲解理论知识以及对一些共性问题予以解答。学生在实践操作中随时都可能遇到问题,而这些问题都集中在课下时间,所以这是教师评价的一个重要方面。对于学生的评价同样也要体现学生课下的工作内容方面。

对学生的评价体系要细分,内容要全面体现学生的付出。不同的客户类型,给予不同的评判标准和得分。有时候由于账户数量的限制,不能做到每个学生都有一个单独的账户,因此在进行一些课程的实际操作时我们只能一个小组一个账户。对于产品发布、推广引流、RFQ 等在给定账户和学生自己的新媒账户上做的成果,应设定不同的评判标准。

教学的过程采用了项目植入式的教学方法,课程的考核也需要随之改变。通常来说,课程的考核包括三个部分的内容,分别是理论学习、实践操练和创新性评价。三者之间构成一个课程考核评价的模型:$Q=aX_1+bX_2+cX_3(a+b+c=1)$。每一部分的评价主体有教师评价、学生自评和学生互评三部分。对这三部分评价主体的分数取平均值,作为评价分数。这里没有采用教师单一的评价模式,而是加入了学生自评和学生互评的多元化多模态的评价方式,其目的是为了使评价结果更全面更科学,具体评价体系如表 11-1 所示。

表 11-1 课程考核评价体系

模块\评价主体	理论学习 X_1		实践操练 X_2			创新性评价 X_3	
	课堂参与度 K	作业质量 L	发布产品 O	客户交易 P	推广引流 Q	通过新媒体寻找客户 R	通过新媒体成交客户 T
教师评价 M_1							
学生自评 M_2							
学生互评 M_3							
$M=\sum M_i/3$							

理论学习部分的内容由两部分组成,分别为学生的课堂参与度和作业质量,即 $X_1=\alpha_1 K+\beta_1 L$($\alpha_1+\beta_1=1$)。至于这两部分的权重,比较简单的方法是教师根据学校的总体要求自己来设定,教师也可采用调查法获取数据,通过层次分析法来确定权重。实践操练部分虽然包括很多内容,但是考核的过程中不可能面面俱到,只能取包含内容最多的、最具代表性的三大块内容作为这部分的考核依据。例如,发布产品这部分包括产品标题的设计、关键词的构建、平台对图片质量的要求、数据分析等等。虽然指标体系中衡量发布产品这一项,但在其过程中任何一个环节出了问题,但都会导致发布产品不成功。所以,在实践操作部分的指标应是这样有代表性的指标。同样,客户交易、推广引流也是包含多部分内容的总括性指标。$X_2=\alpha_2 O+\beta_2 P+\gamma_2 Q$($\alpha_2+\beta_2+\gamma_2=1$),指标中权重的设置同上。创新性评价指标体系的设立是为了让学生有成就感,旨在培养学生的创业精神和创业的实践能力,充分调动学生各方面的积极性。以项目植入式教学在跨境电商实务中的应用为例,可以将学生在新媒体上做的产品发布、推广引流、成交客户等内容作为学生的创新性评价的主要内容,即 $X_3=\alpha_3 R+\beta_3 T$($R+T=1$),指标权重系数的设置同上。

综上所述,课程考核的评价体系模型如下:

$$\begin{cases} Q=aX_1+bX_2+cX_3 \ (a+b+c=1) \\ X_1=\alpha_1 K+\beta_1 L \ (\alpha_1+\beta_1=1) \\ X_2=\alpha_2 O+\beta_2 P+\gamma_2 Q \ (\alpha_2+\beta_2+\gamma_2=1) \\ X_3=\alpha_3 R+\beta_3 T \ (R+T=1) \\ M=\sum M_i/3 \end{cases}$$

课程考核评价体系见表 11-1 所示。

从一个学期的实施效果来看,这种项目植入式的教学方法得到了企业和学生的一致好评。对企业来说,产品不仅得到了宣传,甚至有成功的出单,给企业带来了利润。更重要的是,他们有了潜在的消费者或者是潜在的员工,这是一笔无形的财富,极大地调动了企业的积极性,吸引他们对学校的教学进行投资,优化学校的教学资源。对学生来说,不仅实践能力提高了,他们课下的时间也变得更加充实和有意义。其他同学玩游戏的时间他们在利用网络资源寻找客户,积极地与客户进行谈判,为满足客户的各种要求绞尽脑汁,对于美国等国家的客户还要考虑时差,培养了吃苦耐劳和敬业的精神。

为了促进项目植入式教学取得更好的效果,笔者也简要总结了几点经验。首先,要帮助学生转换思维,从消费者的角度思考问题。很多学生没有进行过任何的社会实践,做事情没有目的性,往往很努力,却是徒劳。学生没有区别对待2C的客户和2B的客户,没有对目标客户进行分析。对于这样的情况,指导教师需要经常地跟学生聊天,知道他们的业务进展到哪一步了,当前的困境是什么,如果是共性的问题,就以之为例,进行全班性的讲解,这样比理论讲解更有说服力。如果仅仅是个别的问题,可以具体问题具体分析。另外,对于做得不错的学生,教师可以利用几分钟的时间让学生作一下经验分享,对于其他学生来说这是最有说服力的。其次,由小众带动大众,形成氛围。项目植入式课程学生在开始的时候热情都比较高,但这种热情要长期保持下去,需要一种氛围。在进行项目植入式教学的时候,可以在班级选几个比较有能力、比较容易出成绩的学生进行个别强化辅导,让这部分小众学生在班级中陆续出成果,形成学习的氛围,使同学们的认识逐渐由"不可能"变成"可能"。通过这种方式,原来小众的成绩变成大众的成绩。再次,项目植入式课程教学想要成功,还需得到学生所在学院的支持和认可。因为项目植入式教学边学理论边实践,与学院的日常教学要求有一定的冲突。例如,上课时学生比较灵活,一会儿拍产品,一会儿修图,一会儿又小组讨论,表面上看课堂活动存在一定的混乱,需要学院在此方面给予一定的理解。

基于"互联网+"背景探讨项目植入式教学在跨境电商中的应用,是"院园合一"校企协同育人机制下工作室制的创新型思维伸展,不仅坚持了以学生发展为中心,也进一步融通了课程精髓,发挥了平台效用,细化了考评体系。那些在具体实践过程中积累起来的经验和出现的问题,也极具参考和研究价值,在以项目驱动式学习方式科学构建实践教育体系和高效能平台等方面功不可没。

第 12 章

师、生、企共同参与的工作室制人才培养模式长效发展思路研究

在社会各行业对高质量应用型人才需求强烈的背景下,高校积极探索人才培养的新模式,打破传统培养模式,提高高校人才与行业、企业需求的吻合度,已经成为应用型高校的重要发展思路。在创新型人才培养中,基于工作室制的人才培养模式已经屡见不鲜。如何才能保证这一培养模式长效发展,体现产教融合人才培养的优越性,是需要认真思考的问题。必要之举是对当下常见的工作室模式进行分析,从而探究出新的有效的工作室制人才培养思路。

12.1　当下工作室制模式分析

具体来讲,工作室制主要有三种模式,即企生共创、师生同创和师生企共同参与的工作室。

12.1.1　企生共创实训工作室模式分析

在国家产教融合教育理念倡导下,采用校企合作、引企入校建立企生工作室的模式被很多高校采纳,学校把企业的实训人才培养体系纳入人才培养方案中,学生在学习理论知识的同时在校内就能参与企业工作室的工作。企业在实战中给予指导。在这期间,企业虽然定期提交工作室实训计划,但是这一计划并不能完全与培养计划相吻合,并且不排除企业让学生

重复简单操作的现象,给学生提供实操的内容比较单一。时间久了,学生得不到锻炼和提高,没有实现创新意识的发展,不再感兴趣,企业也对学生的专心度和凝聚力失去了信心,也就失去了校企联合培养人才的意义。如果在这中间指导教师能充分发挥其作用,对学生的实操情况进行亲身体验、细节诊断、整体把控和归纳反馈的话,就能在发现企业业务和学生专业实践不融合的情况下及时沟通指导,调整企业实训方案,改善校企协同培养的效果。由此看来,在企生共创工作室模式下,教师的亲力体验、全程参与是非常必要的。

12.1.2 师生同创工作室模式分析

师生同创是在"双创"思维模式下产生的又一新的创新创业实践形式,师生同创工作室是既体现创新又体现实用的工作室模式。教师带领学生创建项目,搭建团队。教师在上课的同时,又能在实际项目中靠前有针对性地指导,与学生共同创造价值。虽然师生同创工作室应该是一种实现师生创新能力共同提高的形式,但是通过阶段性的评测,大多效果不明显,成效不显著。究其原因,问题还出在思维局限性上,教师和学生的创新思维不受新事物激发,尚未完全打开。所谓的创新创业不是在网上开个店铺,在平台上申请个账号就成典范了,要是局限于此的话,师生同创工作室的价值体现就不大了。事实证明,以这个起点开始的工作室太多前劲足,后劲无。所以,师生同创切不可闭门造车,教师围困在校园里的眼界还是狭窄的,脱离了行业、企业发展元素的师生同创,一定程度上会缺少发展的驱动力。由此可见,在这个师生同创工作室模式下,要达到有效的人才培养效果,了解前沿的学科知识,企业的力量和它带来的氛围是不可或缺的。

通过以上分析可知,要在产教融合机制下实现人才培养长效发展,学生、教师、企业三者在实现优质培养的每个环节都应该充分发挥作用,三方的共同参与才是工作室制人才培养最基本的长效发展保障。

12.2 师生企共同参与的工作室制人才培养模式

基于以上两种工作室制人才培养情况的分析,师生企三方共同参与的工作室制人才培养模式既补足了教师指导的缺失,又增添了企业的强效驱动力。师生企在整个工作室制人才培养模式中是一个长期互动的过程,三方的时间和精力都是需要有一定付出的。企业不能只提供资源和平台,过程中的企业元素、运营思路和技能培养是师生所必需的,工作室的企业氛围需要企业来渲染和创造。教师也不能只做间歇性的指导者,需要动手实操,带兵练习。这样才能在实践中诊断和指引自己的专业课堂教学。

12.3　师生企工作室发展思路

那么,师生企工作室制人才培养模式如何实现长效发展呢?笔者认为,一些条件和保障措施需要具备。

12.3.1　制定细致的工作室人才培养实操方案

教师和企业共同制定和专业相结合的工作室人才培养实操体系,培养体系去笼统,求细致,具体到每学期实施方案,尽量与专业课程进度相吻合。工作室指导教师要保证有足够的时间及时诊断企业和学校的人才培养衔接情况。教师是工作室的第一责任人,全面负责工作室运营情况,这是延续性监测的保障。除专业教师外,专业相关辅导员主持工作室也是一种很好的思路。辅导员有灵活充足的时间,更加熟悉学生团队的日常活动和心理。这样在专业实操中交流,有助于加强辅导员和学生的黏合度,体现了辅导员专业指导的价值,也增强了学生对辅导员的认可和信任度,这便是辅导员智慧引导的有效方式。

12.3.2　实施专业年度评审

组建专业评审小组,专业评审小组由校内资深专业导师和企业导师构成。每年度工作室总结检测各自发展成效,找出不足,形成数据报表和总结报告,经专业评审小组测评。师生企工作室发展成效从育人效益和经济效益两个方面来评价。工作室要么在育人上取得效益,提升学生的创新能力和专业素养,提高学生在专业融合创新的各类大赛中的获奖能力和水平,扩展学生的创新思维和行业视野,要么取得一定的经济效益,让学生得到自己通过专业方面技能所创造的价值。这是对学生专业学习的肯定。

12.3.3　工作室工作成效纳入教师绩效考核

学校把工作室运营作为教师工作质量和绩效考核的一项依据。要让教师以主角的身份参与到师生企工作室中,除了教师自身追求发展外,还需要学校给予教师一定的激励和支持。所以,相关的绩效考核制度要到位。将专业评审小组年度的评价和工作室的效益情况作为特殊绩效的考核等级依据,让教师在工作室制人才培养收效上看到自己的价值体现,这有助于引导其他教师参与创新人才培养。除此之外,也可以将教师在工作室制等人才培养模式上作出的特殊贡献和取得的专业教科研成果作为职称评审的依据。

12.3.4 携手致力于项目及科研课题开发

企业将运营回报用来支持教师和学生团队的科研项目和创新项目。师生企三方都不要仅仅满足于所获得的经济收益,而要在三方共赢的情况下,使利益体现其二次价值,共同致力于科研课题开发、项目申报或专利发明,共同形成自己工作室的成果,优化自己的事业。这是一个长效发展的思路模式。

12.3.5 加强与企业的沟通协调

工作室要注重企业的参与,加强和企业的沟通。企业的参与不限于工作室初期的业务对接和平台资源提供,整个工作室的运营都注重企业的参与。毕竟企业对行业的发展有最敏感的感知和践行,企业思维要超过学校单纯的课堂思维。学校要不断与企业进行沟通,汲取企业逻辑思维。所以,企业需要在工作室的长效发展中不断注入活力,在工作室运营中发挥重要的前驱动力。企业氛围的营造是工作室发展的环境保障,所以学校切不可在运营过程中与企业断绝联系,闭门造车。

任何一种新的培养模式都有其发展和被验证的时期。新模式是否满足学校的培养目标需要,要在实践中慢慢磨合和被检验,并且还要被学校进行优劣区分,以便推陈出新。师生企工作室模式的预设和发展思路设计,正是在前期已有的企生共创和师生同创模式基础之上产生的。科学合理地设计师生企工作室制发展思路,为应用型高校人才的培养提供了有效的参考。

第 13 章

基于创客工作室的跨境电商应用型"专创"人才培育增效策略研究

"双创"教育时下已成为我国社会各界乃至全世界范围内人们极为关注的焦点问题,在走过整体上的探索阶段之后,已趋向平稳并日渐变得成熟起来。但是,在与专业人才培养的融合方面,"双创"教育仍然存在着课堂授课模式单一、创新思维欠缺、融合力度薄弱和实践成效甚微的状况。尤其是在国内一些应用型高校当中,即便是大家口号喊得震天响,在实践中一筹莫展甚或举步维艰的现象依然多有出现。在这种情况下,其具体举措自然无法落地,其实践成效也肯定难以服众。虽然"双创"教育在一定程度上能够增强学生的创新意识,却无法从根本上提升其"双创"实践能力,使得专业教育和实践技能提高两张皮的现象较为突出。

13.1 "专创"融合是"双创"教育时代实践育人理念的创新路径

跨境电商专业基于网络化平台的高效发展,在"双创"时代越发地显现出它在全球化创新思路、即时性信息传播、高效能功效发挥和无纸化场景办公等多个方面的综合特征,由此也在全社会范围内促发了优质化的教育体制、机制研究与高效能的实践应用路径探索,而人们对于跨境电商专业应用型人才的培养方案及其实践增效策略更加关注。

基于创客工作室的专业人才培养思路,聚焦于项目驱动和体验认知,在一个相对外放的空间里,通过师生同创、企生共创和学生自创相结合的方式,实现了跨境电商专业理论知识与其应用技能的合二为一。但目前在专业化的建设中,其创的力度还略显不够,而闯的成分却凸显了出来。因此,如何更好地实现跨境电商人才培养体系中的"专创"融合,是一个较有吸引力也极具敏感性和创新性的话题。

在这种情况下,实现跨境电商"专业 + 双创"的有机融合,就被提上了日程。一时间,在实践育人方面,将"双创"元素融入专业化人才培养的体系当中,成为颇显创新特色的实践路径。

13.1.1 "双创"元素越发融入跨境电商专业教育

随着全球进入"双创"教育时代,应用型高校更加推崇"理实一体、'专创'融合"的人才培养模式,以高效和适用作为应用型人才培养的理想化标准。因此,不管是校企协同育人理念,还是具体到模块化的课程体系设置,都无一例外地加大了"双创"元素的比重。尤其是创客工作室模式下的跨境电商专业课程教学改革和实践方案设计,基本上做到了全覆盖。"专业 + 双创"日益成为新时代跨境电商专业智能化、体验式和浸润型实践教育探索的创新路径。这当然源于特定空间和个性化教学的实际需要,而构建无缝式融合和梯度式进阶的"专业 + 双创"型人才培养体系则成了重中之重。

13.1.2 跨境电商人才培养需有"专创"融合思维

在以专业化精神涵养人、以工匠精神实践育人和以创新精神协同育人的大环境下,全社会人才培育机构特别是应用型高校,都渐渐瞄准了基于跨境电商专业素质和外语综合应用能力提升的"专业 + 双创"型技能人才培养,但苦于方法陈旧和实效不理想,处于进退两难的尴尬境地。

实现跨境电商专业和"双创"教育理念的融合,是新时代跨越发展和应用型人才培养的硬性要求与实践路径,在全球化格局的指引下,更被赋予了专业内涵和创新实效。跨境电商专业培养的是既有专业素养又讲实效应用的复合式人才,在课程体系建设和实践育人方面强调的是实际应用能力的提高,所以在这里,最大的创新之处在于跨境电商专业知识在"双创"背景下与各学科知识、各实践平台的融合式应用及所取得的相关实践成效。

13.2　工作室模式下跨境电商应用型"专创"人才培养的增效策略

创客工作室模式不仅解放了师生同创的空间和时间,也在专业与创新创业的融合上增进、提高了契合密度和成果效率,为应用型"专创"人才培养方案的实施奠定了基础。但如何实现进一步的增效成为更加烧脑的问题。笔者实地调研了山东省内的一些应用型高校,在增效策略上作出了如下提炼总结。

13.2.1　以"三通""四创"特色增强卓越化人才培养效用

跨境电商应用型人才培养应以学生发展为中心,以卓越化为实践导向。笔者了解到,青岛有些高校立足区域优势,发扬极具创新实效的育人特色,在提升专业人才培养上取得了一定的成效。以位于西海岸新区灵山湾文化产业核心地带的青岛黄海学院为例,该校二十三年来始终秉持"知行合一"校训,并以"文化育人""协同育人""实践育人"等特色铸魂,通过"三通""四创"来谋求创新发展的大格局,成效卓著。

比如在综合性专业建设和人才培养上,该校力主通过"以校企协同育人塑体、以生态孵化实效强实",不仅做到了校政行企"四方联通"、跨境电商学科专业与创新创业"'专创'融通"、线上线下课程理论传授和校内校外实践"理实贯通",而且强化了技术创新、孵化创智、研学创行和共育创展等理念,构建并完善了"四三二一""双创"教育系统,即通过校政行企"四方联动",搭建"学校主体、政府主导、行业指导、企业参与"的科技创新、文化创意和网上创业三大创客平台,构建了创新创业教育实践和成果孵化两位一体的教学体系和一条龙创业孵化链条。此一举措可谓高屋建瓴,不仅体现了特色化办学理念,又应时所需地为培养跨境电商应用型"卓越人才"提供了顶层设计,起到了系统化助推和实践性指引的良好作用。

创客工作室重在师生同创、企生共创和学生自创,一直强调的都是使死的理论知识转变为活的技能应用和卓见实践功效的协同力量发挥。在"双创"教育时代,跨境电商专业人才培养不可能也不会离开实践育人的导向,因而在这里,"三通""四创"的特色化育人理念是融入跨越多学科知识、链接各专业素养和联通平台化效用综合性实践育人系统的创新型实践思路,而实践育人的导向则恰恰是其不可缺少的有机组成部分。笔者认为,在此系统当中,创客工作室的特色即以项目驱动、任务驱动链接跨境电商理论讲授和其实践应用的两端,在中程控制方面强化了亲历式体验和过程性考核,是连接了应用型高校实践育人上中下游关节的接续服务链条,也是"院园合一"机制下校企协同育人体系的架构思路。

13.2.2 用"三全""四融"模式提升儒魂商才的素养

这里的"三全",指的是全融入人才培育理念、全覆盖教育教学体系和全方位双语应用平台,而"四融"则是指英语技能融入专业教育、文化内涵融入实践过程、创新理念融入体系优化和模块构建融入平台应用。

儒魂商才是大商科高素质人才培养的航标指向。作为专业素养和内涵品质,儒魂商才理应成为跨境电商专业人才培养方案中的核心要点。"三全""四融"模式是对此核心素养的指标匹配和效力聚合,其提出源于对以往跨境电商专业应用型人才培养方案实施情况的综合调研,不仅规避了已有的缺陷,融入了创新元素,也增添了实践考量,其施行为积淀学生的儒魂商才品质进行了很好的铺垫,也提供了很大的实践动能。

创客工作室模式借助一定的实践场所,在资源高效共享和师生有效合作的前提下,将内涵型的实践教育纳入跨境电商专业人才培养的生态化系统之中,不仅涵纳了儒魂商才素养的提升要求,也彰显了全面发展、创新发展的育人理念,在高素质专业化人才培育方面起到了不可替代的作用。

13.2.3 以英语桥梁助推跨境电商"专创"融合发展进程

在"互联网 + 双创"元素日益融入智能化平台的当今时代,英语不应仅仅作为一种交际工具使用,而理应成为助推"专创"融合的语言文化桥梁,并在双语师资培训、"双线"增效平台以及混合式教学改革方面起到专业性嫁接和实效性剪裁的实际功用。浮在表面的"专创"融合根本无法实现真正的国际化和内涵型建设,培养出来的"人才"仍然是有所偏失的"半成品"。

因而,应该充分发挥英语在构建跨境电商专业全程式"理实一体、'专创'融合"教育体系中的精真选拔和品质筛选角色实效,打通英语多学科背景下与跨境电商专业融合的固本培元环节,让跨境电商学科与专业拥有更加广阔的视野和较理想化的发展空间,也让英语本身更好地发挥出链接专业、疏通创意和直通世界的功用。

创客工作室的作用则体现在通过语言助推作用对跨境电商"专创"实践的熔铸功效上。因为跨境电商专业人才的实践能力是在特定的工作场景中实现的，其提高也不可能脱离真实的工作体验。工作室迎合了这种需要，给予了师生更多合作的机会，也为师生同创创造了条件。

13.2.4 以智能平台推进线上线下跨境电商课程体系建设

铸魂终需得实效，协同更要强塑体。站在新时代智能化平台融合创展的高端，教育工作者应凝心聚力，通过双语平台营造的"语言环境 + '专创'融合"的跨境电商学科专业辐射效应，切实做到线上线下模块化课程理论的传授和校内外场所综合实践的自然融合，进而高效接续一专多能和"专创"孵化链条，为培育具有深厚内涵和国际化视野的跨境电商应用型"专创"人才提供全面保障。

笔者了解到，目前一些应用型高校为实现跨境电商"专创"融合，借势于包括批改网、学习通等网络化信息平台系统在内的智能实践平台，结合教师课堂面对面的理论讲授和相关主题的实践教学，通过作业批改、辅导答疑、问题研讨甚至学术交流等诸多方式，很好地完成了线上线下双效结合的课程授课和实践技能提升等工作，不仅提高了授课和学习的效率，也赢得了学生的口碑。当这一切都通过创客工作室相对狭小的空间来实现时，不仅创新了实践育人形式，高效利用了平台资源，也获得了能力提升的实效。

13.2.5 以内涵驱动统领跨境电商"双创"实践育人

"专创"融合如果只是一种概念，其实践落地则只会成为空谈而变得毫无意义。通过双语通道的实现途径促进跨境电商"双创"活动的有效开展，离不开中西文化前期积淀和后续滋养的统领性支撑作用。只不过，所有这一切都需要通过工作室的实践空间完成。在这里，"专创"融合式实践指的是一切融聚了创新意识、基于创业能力提升和优化创客实践的平台打造、课程建设及与其他多学科知识技能有效结合的综合实践活动，工作室给它们提供了师资匹配和空间支持。正如品牌的塑造离不开内涵和底蕴的熔铸一样，创客工作室只是一个承载的形壳，即便是跨境电商应用型"专创"人才的培养，也不可缺失文化育人特色和内涵支撑力量。

笔者了解到，青岛黄海学院一直以来坚持以创新引领创业、以创业带动就业,大力发扬学校以优秀传统文化育人、以红色文化育人、以工匠精神实践育人、以创新精神协同育人的"四文化"融合育人特色,践行内涵式精英教育理念,为培育一专多能的跨境电商应用型"专创"人才提供内涵补给,有效地弥补了个别创客工作室中学生创业实体只顾项目完成和利益匹配问题,而忽略积淀儒魂商才品质、做好可持续性内涵塑造的缺陷。

当然,诸如基于大学生创新创业教育与服务中心、数字经济创新创业园、大学科技园和青岛影视产业孵化城组建"一中心、三园区"整体架构,而以宏阔发展思路构建高端创新格局的做法,也是在跨境电商应用型人才过程中值得大力推广的经验。"山东科学大讲堂——跨境电商跨未来"活动的成功举行,国家大学生创新创业训练计划和"互联网+"创新创业大赛优秀成绩的取得,"'院园合一'机制下基于工作室的跨境电商人才培养实践研究"省级重点课题的获批,山东省省级大学生创业孵化示范基地的成功申报以及"全国跨境电商专业人才培养示范校"荣誉的获得,乃至对全国跨境电商人才培养高峰论坛和青岛市跨境电商行业高端峰会的参与等,无疑都以丰富的内涵驱动力,为创客工作室更好地发展自身、助力跨境电商"双创"实践落地提供了导向指引和条件保障,也为其增效应用型"专创"人才培育灌注了实践动能。

总之,客观地讲,对于跨境电商应用型人才培养而言,创客工作室模式绝不是一把开启应用型人才培养之门的万能钥匙。鉴于学习共同体场域营造的欠缺、本身专业群建设的薄弱和"梯度式"服务体系构建的不成熟性,以学生为发展中心且基于"专业+双创"的跨境电商应用型人才培养,还处在一个摸着石头过河的渐进发展阶段。虽然相对而言,跨境电商应用型"专创"人才培养增效策略的研究,在一定程度上为迎解难题提供了一些施行策略和实践方法,但更有深度的增效思路和践行策略还有待于我们进一步探索,以求获得更大也更见实效的突破性进展。

第 14 章

跨境电商应用型"卓越人才"培养路径探析

"卓越工程师教育培养计划"（简称"卓越计划"）是教育部贯彻落实《国家中长期教育改革发展规划纲要（2010—2020 年）》和《国家中长期人才发展规划纲要（2010—2020 年）》的重大改革项目,对于促进高等教育面向社会需求培养人才和提高人才培养质量,具有十分重要的示范引领作用。基于国家跨境电商新业态发展的需求,以实施"卓越计划"为突破口,促进应用型人才教育改革和创新,培养具有国际化视野、较高社会责任感和高强组织能力的复合式"卓越人才",是其根本目的之所在,即通过跨界融合理念培育具有扎实的跨境电商理论知识、高强的操作水平、卓越的外语应用以及良好的商务谈判能力,且能在跨境电商领域锐意进取的时代精英,以便更好地实现"两个一百年"目标和中华民族伟大复兴,进一步推动和促进外贸模式的创新步伐与跨境电商新业态的发展。

14.1 传统跨境电商人才培养的局限性

传统的跨境电商人才培养存在着诸多局限性,主要体现在师资队伍、课程设置和实践能力等几个方面。

14.1.1 师资队伍

在人才培养中,教师的作用至关重要。目前高校中跨境电商授课教师要么是缺乏经验的年轻教师,要么就是从传统外贸课程转过来的教师,授课经验相对丰富,但是缺乏跨境电商企业工作经历,缺乏实操技能,注重理论讲授,讲授内容的前沿性和适用性相对落后。而部分从企业聘请的兼职教师,虽然实操经验丰富,但是讲授能力相对欠缺,对学生的管理和激发相对不足。企业讲师更注重完成教学任务,教学效果以及后期辅导答疑跟不上。高校专门针对企业讲师的管理和考核还不到位。

14.1.2 课程设置

高校当前尚没有独立的跨境电商专业,多为在相关专业中,如国际经济与贸易、国际商务、外语、电子商务,增加跨境电商方向课程,或者直接把跨境电商相关课程设置为选修课,任学生自由选择。这就导致跨境电商课程体系不完善、不科学、不系统,导致跨境电商人才培养效果不显著,学生对跨境电商理论和实操一知半解。学生就业后,还需要跨境电商用人单位的培训,这样势必增加企业的成本,降低企业对高校的满意度。

14.1.3 实践能力

《教育部等部门关于进一步加强高校实践育人工作的若干意见》(教思政〔2012〕1号)指出:"实践教学是学校教学工作的重要组成部分,是深化课堂教学的重要环节,是学生获取、掌握知识的重要途径。各高校要结合专业特点和人才培养要求分类制定教学实践标准,增加实践教学比重。"众所周知,跨境电商各大平台发展较快,而各个平台之间又有不同,即使增加实验、实践教学比重,但是如果跨境电商学生只是依赖课程实验和模拟软件操作,也是远远不够的。模拟软件与真实平台之间还是有较大差异的。即使学生练习得再好,也不能达到与用人单位的无缝链接。同时,不同国家不同客户在跨境电商业务中也没有统一规律可言,国际市场风云变幻,学生需要真枪实弹、真实操作才能获得跨境电商业务综合处理技能。

跨境电商平台实操建立在对企业和产品非常熟悉的基础之上,而熟悉企业文化、企业产品需要相对较长的时间。往往学生仅仅熟悉了企业和产品,熟悉了平台发布产品,还没有真正涉及跨境电商业务,学生的实习、实训期就结束了。这是很多跨境电商企业不愿意接受短期实习、实训学生的主要原因。在传统实践能力培养的模式下,激发学生的学习热情也显得比较困难。鉴于此,要想真正培养应用型跨境电商人才,必须打破传统的模式,寻找更先进的、能持续不断地培养学生跨境电商业务实操的实践教学理念和教学方法。

14.2　基于"卓越计划"的跨境电商应用型"卓越人才"培养的必要性

下面主要从社会行业发展需求、高校特色发展需要和学生个体发展需要三个方面诠释跨境电商应用型"卓越人才"培养的必要性。

14.2.1　社会行业发展的需求

2019 年 7 月 3 日,李克强总理在国务院常务会议上指出:"增设跨境电商专业,促进产教融合。"教育部于同年 6 月在《中等职业学校目录》中增补跨境电商专业,高校层面增设跨境电商专业也指日可待。同时,李克强总理部署完善跨境电商新业态促进政策,以适应产业革命新趋势,推动外贸模式创新。为适应时代的发展,与时俱进,更好地满足经济社会需求,国家提出有别于大众化的跨境电商应用型"卓越人才"培养计划。

在"一带一路"倡议的背景推动下,在大数据信息技术快速发展的带动下,下一步全国要在现有 35 个跨境电商综合试验区基础上,再增加一批试点城市。国家对跨境电商应用型"卓越人才"的需求将持续增长。继续贯彻"卓越计划",以新的理念加大跨境电商应用型"卓越人才"培养力度,培养跨境电商领域的引领者,是社会进步的必然趋势,更是满足社会发展需求的明智之举。

14.2.2　高校特色发展的需要

国家经济发展平稳,产业结构升级调整速度加快。在"一带一路"倡议实施推进中,跨境电商发展势头强劲,高校专业建设发展必须适应经济发展新常态和服务驱动发展大格局,注重专业的内涵发展和特色发展。高校把优质教育资源向跨境电商人才培养聚集,深挖产教融合,精准定位,调整新外贸人才培养目标,重点实施跨境电商应用型"卓越人才"培养计划。学校要办出学校和专业的特色,提高学生和企业的满意度,更好地服务学生、服务社会。

根据跨境电商行业特点,没有过硬的实践能力不能算培养出合格的学生,而传统专业发展模式又不能达到预期目标,所以就要求高校必须打破传统观念,摒弃传统模式,提出并且践行跨境电商应用型"卓越人才"培养的计划。

14.2.3 学生个体发展的需要

新时代的大学生群体中,追求卓越、追求进步、引领前沿,已经是他们自身的优秀特质。通过制定跨境电商应用型"卓越人才"培养的目标和方式,引导大学生把他们自身追求卓越的特质融于社会、融于专业、融于思政、融于"双创",可帮助他们实现追求卓越的梦想。大学生凭借个体的需求和动力,才能在不断的奋进中成长为更优秀的人才,引领跨境电商行业、社会乃至整个国家经济的进步和成长。一系列的培养措施,让学生在学校就能达到和跨境电商企业员工一样甚至更优的操作技能。学校引入真实企业项目,一方面可激发学生学习的积极性,另一方面可培养当代大学生的自信心和自豪感,使其步入社会后,为国家作出更多的贡献。

14.3 跨境电商应用型"卓越人才"培养的路径

学校应明确跨境电商应用型"卓越人才"培养目标。"卓越人才"有别于大众化人才,"卓越人才"基于不同的专业和不同的领域,界定也有所不同。根据高等教育的特征和"卓越人才"的特征,一般把"卓越人才"分为四种,即管理型、技能型、创新型和创业型。本书选取的技能型也就是应用型,目的在于集中高校和社会资源培养学生的社会价值,让其将来创造出更多的经济价值,并以此带动国家跨境电商领域的发展和提升。

跨境电商专业应该满足国家经济社会发展对与时俱进的高素质、高技能人才的需要。除了高超的实践性、应用性,此类人才还应具有明显的高等性、职业性、创新性。培养的学生应能够在毕业以后以创造性的思维、知识能力、素质水平和更优秀的人格魅力从事自己的跨境电商相关的工作岗位,在跨境电商领域中,能够克服困难,创造性地开发国内外市场,并且有较强的组织管理能力,能够应对各类风险,迅速及时地作出正确的决策。

理论和实践教学使学生能够理解跨境电商的原理和政策,对跨境电商平台操作流程非常熟悉,熟练操作跨境电商主要平台,能够建立店铺、运营策划、处理订单、维护和管理店铺。

14.3.1 卓越的师资队伍的完善

教师队伍是教学质量的关键性影响因素。建立高素质、高质量的教师团队才能培养出卓越的应用型人才。卓越教师除了具备高尚的师德、扎实的专业知识和高超的专业技能,还必须树立"卓越人才"培养的新观念,那就是切实以学生为中心,具有以国际视野、创新创业能力、价值观念引导为主体的教育理念。卓越的教师应该认清自己肩负的使命和责任。

首先,学生入学即采用双导师制,分为校内导师和校外导师。校内导师负责指导学生的国际贸易、跨境电商专业认知,作好专业规划,指导学生考取跨境电商相关资格证书,并指导学生参加各级各类跨境电商学科技能竞赛。校外导师是具有跨境电商从业资历甚至是创业经历的企业导师和行业导师,可以更好地指导学生的跨境电商实践实操,指导学生跨境电商创新创业。其次,授课教师均为"双师"教师,专业课讲授均由双语教师承担,以培养跨境电商学生卓越的理论和实践水平以及较高的外语应用能力。校内导师去跨境电商企业挂职锻炼,回炉深造。再次,学校注重专兼职教师共同发展,兼职教师即外校跨境电商领域具有较高教学科研水平的教学名师。同时,行业、企业导师也是兼职教师重要组成部分。学校加强专兼职教师的考核和管理。

14.3.2　卓越课程体系的改进

卓越课程体系的改进应该尊重跨境电商应用型"卓越人才"全面发展的愿景,符合跨境电商职业的特点,打破学科专业的界限。学校把通识教育课程、专业课程和创新创业课程融为一体;把传统文化和职业道德融为一体,同时要求学生必修两个主流跨境电商平台,至少再选修一个其他跨境电商平台。学校把社会责任、国际视野、思政教育完全融入课程体系,培养符合经济社会发展要求的跨境电商行业的领军者。课程体系的完善,体现了学生跨境电商卓越能力的培养,同时体现了培养特色。

14.3.3　校企共建跨境电商工作室

卓越的人才培养绝对不应该是教师在前面讲,而学生在下边低着头玩手机或者做着无关的事情。应用型跨境电商人才应该在工作室中进行培养,跨境电商工作室入驻学校,由企业提供真实的项目、平台和产品。每个学生分发企业实体项目,企业导师负责手把手地教授学生平台实操,完成跨境电商实践教学环节。企业导师通过平台后台监控诸如登录时长、曝光率、点击率、询盘甚至学生的成交情况等来进行考核。对于业绩较好的学生,可以给出用实操业绩置换学分,或者免修、部分免修、免考相关课程的奖励。

学校充分利用社会企业资源来办教育,变传统的校企合作模式为工作室的形式。学校将不同课程细化为不同的教学项目,在跨境电商工作室设置项目制实践课程,真正产学融合,学校和企业协同育人。跨境电商工作室制应用型人才培养对学校对企业都提出了更高的要求,但也确实对培养跨境电商应用型"卓越人才"起到了很大的促进作用。学生的学习积极性得到全面激发,他们一步到位学习最实用的操作技能,获取知识和技能的同时,也赚取了财富。企业可以参与到人才培养中,在培养过程中就可以直接下订单,不用愁招聘不到称心如意的优秀员工。学生和企业对学校的满意度都提高了。同时,学生在工作室中与众多企业接触,受企业文化和制度的影响较大。企业导师基本都是企业创始人、企业骨干,对培养学生的创新创业能力也是极有帮助。

14.3.4 第二课堂与第一课堂融合

根据共青团中央、教育部联合印发的《关于在高校实施共青团"第二课堂成绩单"制度的意见》(中青联发〔2018〕5 号),为切实保障第二课堂在跨境电商应用型"卓越人才"培养中完成立德树人根本任务和发挥培养高素质、高技能的跨境电商人才的重要作用,学校要科学构建第二课堂教育平台,深入挖掘第二课堂育人价值,健全完善跨境电商领域第一课堂和第二课堂深度融合、相辅相成的人才培养模式。基于跨境电商应用型"卓越人才"培养的"第二课堂成绩单"制度包括思政品德素养、创新创业实践、职业技能提升和素质拓展训练等 4 个模块,具体包含外贸、跨境电商书籍阅读,专业讲座、报告的听取,各类学科竞赛以及创新创业竞赛的参与,假期对口企业见习,撰写论文、著作及课题项目的申报,职业资格证书的考取,交流访学等。

"第二课堂成绩单"制度主要以"4+1+N"的模式实施。"4 个体系"即项目体系、评价体系、数据体系和运行体系;"1 个产品"即"第二课堂成绩单";"N 个积分认定方式"即在完成既定项目的前提下,学校根据跨境电商应用型"卓越人才"培养方案和"第二课堂成绩单"制度学分认定方案,给予学分的认定。学生既要取得跨境电商第一课堂要求的全部学分,也要拿到跨境电商第二课堂的最低限制学分,才能毕业。

14.3.5　培养国际视野

《国家中长期教育改革和发展规划纲要(2010—2020 年)》中提出,随着经济全球化进程的不断加快,要培养具有国际化视野和国际竞争力的高素质人才,将培养国际化人才上升到国家战略层面的高度。跨境电商岗位多数为涉外型,需要和不同国家和地区的客户沟通,需要具备国际市场调研和分析能力,跨境交易的流程和规则,要具备较高的外语水平,对不同国家和地区的经济、政治、文化和科技要了解到位。

由此,为强化外语应用水平,专业课采用双语授课形式,开设国际经济形势相关讲座,学习跨境交易规则和法律知识,提高国际市场调研技能,都不失为好的做法。另外,学校还要鼓励与引导学生走出去,多为他们创造国际交流和访学、研学的机会。

时下,高校已经开始认识到传统教学模式培养不出卓越的人才。越来越多的高校通过成立卓越班、校企合作班等方式,明确"卓越人才"培养的目标,完善卓越的师资队伍和卓越的跨境电商课程体系建设,集中学校、企业和社会的资源,不拘一格地培养人才。另外,学校还要产教深度融合,采用跨境电商工作室制创新实习、实践方式,采用"第二课堂"激发学生的热情,最终培养出不仅具有高超的专业技能,还有着组织管理协调能力、交际沟通能力、团队合作能力、规避风险作出决策的能力和创新创业的能力,以及具有较强社会责任感和国际视野的跨境电商应用型"卓越人才",从而为社会主义培养接班人和建设者。

第 15 章

基于跨境电商工作室的本科生人才培养
模式探究

随着"互联网+"新型经济模式的发展,互联网与各行各业深度融合,跨行业合作式经营已然成为企业发展的需要。同时,企业的用人需求也由单一专业化人才向复合型人才转变,尤其是跨境电商企业,面对跨境电商贸易,不仅需要电商人才,也需要具备多语言能力的人才。为了向社会输送合格的毕业生,目前高校应以培养复合型、应用型人才为宗旨,创新培养模式,改革教学方法,提高学生的综合素质和实践能力。

15.1 跨境电商的发展现状分析

"跨境电商"中的"跨境",是指分属不同关境的交易主体;"电商"则是指通过电商平台完成交易,进行电子支付结算,通过跨境物流配送货物完成交易的国际性商务活动。2018 年 11 月 21 日,国务院总理李克强主持召开国务院常务会议,决定继续完善跨境电商零售进口政策,扩大适用范围,激发消费潜力;部署和推进物流枢纽建设,提高国民经济质量和效益。在国家对跨境贸易的大力支持下,跨境电商企业不断扩大发展。《2018 年度中国跨境电商市场数据监测报告》发布的数据显示,2018 年我国跨境电商交易额达到 9 万亿元人民币,比上一年同期增长 11.6%(见图 15-1)。

单位：万亿元

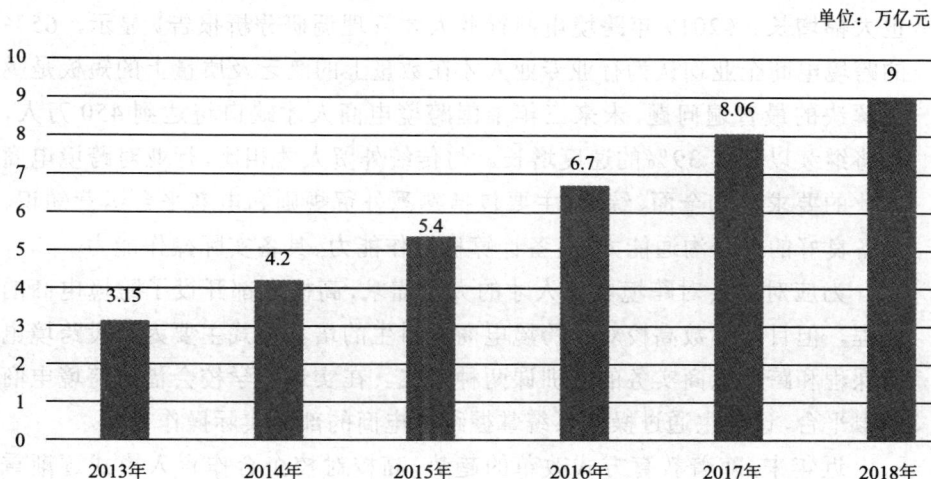

图 15-1　2013—2018 年中国跨境电商市场交易规模

从进出口结构来看，2018 年我国跨境电商出口和进口分别占比为 78.9% 和 21.1%。在跨境电商交易结构中，出口依然占据主导性地位，品牌出口已成为近年来发展的主流趋势。在出口电商中，巨大的海外市场需求和外贸企业转型升级的发展，都有助于行业的快速发展，吸引更多的企业开展电商业务。

2018 年，我国跨境电商中出口业务的卖家主要集中在广东省（20.5%）、浙江省（17.2%）、江苏省（12.8%）、上海市（8.3%）、福建省（6.5%）、北京市（5.2%）、山东省（3.4%）、河北省（2.2%），其他省份为 23.9%。目前，我国跨境电商销售商主要集中在长三角和珠三角地区，特别是广东、浙江和江苏。这些地区也是传统外贸最发达的地区，因传统外贸而打下了良好的基础。

15.2　跨境电商本科生的培养现状及瓶颈分析

本科生层次的跨境电商专业人才培养，目前面临着很多的困境且出现了不少的瓶颈问题，现分别予以分析。

15.2.1　跨境电商本科生的培养现状分析

"互联网+"时代跨境电商迅速发展，同时企业对跨境电商人才的需求也大幅增长。《2017 年跨境电商行业人才管理调研分析报告》显示，65％的跨境电商企业均认为行业专业人才在数量上的匮乏及质量上的短板是亟须解决的最普遍问题，未来三年中国跨境电商人才缺口将达到 450 万人，并将继续以每年 39％的速度增长。与传统外贸人才相比，行业对跨境电商人才的要求更为全面、综合，主要包括熟悉外贸规则和电商平台运营知识、具备良好的外语沟通能力、具备计算机操作能力、具备实际操作能力。

为应对社会对跨境电商人才的大量需求，高校大都开设了跨境电商的课程。但目前多数高校对于跨境电商本科生的培养模式主要为开设跨境电商课程和跨境电商实务的实训课两种形式。在实训中学校会借助跨境电商模拟平台，让学生通过操作系统掌握跨境电商的部分实际操作内容。

近年来，随着教育方式改革的趋势，高校对校企合作育人模式逐渐重视。2014 年，教育部提出了现代学徒制，旨在深化产学研结合、校企合作，进一步完善校企教育合作机制，创新教育合作模式。现代学徒制主要是通过学校与企业的深度合作、教师与师傅的联合教学，通过技能培训来培养现代人才。现代学徒制有利于促进行业和企业参与职业教育人才培养的全过程，实现专业设置与行业需求、课程内容与职业标准、教学过程与生产流程、毕业证与职业资格证、职业教育和终身学习的多方面对接，综合提高人才培养水平。2019 年 6 月，山东省提出全面推进现代学徒制，加快培育知识型、技能型、创新型高素质技术技能人才。

针对实践性较强的专业，如智能制造、物流、市场营销、电子商务，部分高校积极引进跨境电商培训机构，通过引进企业项目的方式，尝试订单式培养模式，让学生参与校企合作项目，从中得到锻炼，极大优化了人才培养模式。尤其是位于沿海地区外贸业务较多城市中的高校，更应当重视通过教育深入城市建设，推动社会发展。

15.2.2 跨境电商本科生培养模式的瓶颈分析

"互联网＋"时代教学改革的重点是信息共享和获取信息的渠道发生变化。随着科技和互联网的发展，学生获取信息的渠道发生了变化，因此教学方式也应进行改革。但对于跨境电商专业这一对信息化要求较高的学科，高校仍存在诸多瓶颈。

15.2.2.1　师资队伍和教学资源建设不完善

跨境电商的复合性,决定了跨境电商专业的教师应同时具备国际贸易理论知识和跨境平台应用的实践经验,参与跨境电商工作室运营的教师尤其应具备丰富的理论与实践经验。但目前大部分高校跨境电商教师来自国际贸易、工商管理专业,并且只是专注于某一专业领域的研究,缺少跨境电商实际运营的经历,造成跨境电商教学只处于纸上谈兵阶段。

同时,跨境电商属于新兴产业,知识更新迅速,前沿实用技能丰富。在教学资源方面,跨境电商相关的教材和平台数量非常有限,并且知识较为滞后,无法适应迅速发展的需求,严重影响了跨境电商教学效果和学生的能力培养。

15.2.2.2　实践教学平台建设不足

传统教学重理论、轻实践,能够免费开设跨境电商店铺的电商平台越来越少,这些都严重阻碍了实践操作教学的实施。目前的模拟软件使用费用较为昂贵,且学校经费有限,这给跨境电商的实践操作教学带来了较大的困难。部分高校实验室建设仍然处于自发分散的原始状态,设备陈旧,不能满足学生对于新技能的需要。模拟软件的虚拟环境与真实环境存在较大的差异,不利于学生跨境电商职业能力的提升。以上问题的出现,也恰好印证了开设跨境电商工作室的必要性。

15.2.2.3　企业投入高校教育的意识不强

企业在运营过程中多以招聘的方式引进人才,缺乏校企合作的意识。部分企业对大学生能力认识有偏见,认为在校本科生能力与企业所需实践型人才之间有一定差距,同时认为学生还有较多学业任务,兼职的工作效率无法满足企业要求,因此缺乏吸引力。

15.2.2.4　学生参与跨境电商工作室积极性不高

学生一般通过教师的宣讲或介绍了解跨境电商工作室,部分注重自身价值体现的在校本科生会主动参与工作室的工作,但由于缺乏有效的激励措施和不能认证实践应用的学分,导致学生整体上参与跨境电商工作室的积极性不高,甚至已经在工作室工作的学生也会逐渐兴趣减弱和退出。

15.3　基于跨境电商工作室的人才培养模式

对于以上培养过程中存在的瓶颈,可通过跨境电商工作室的本科生培养模式解决原有瓶颈问题,实现人才培养模式的改革。跨境电商工作室是由青岛黄海学院国际经济与贸易专业教师带领电子商务和国际经济与贸易、国际商务等相关专业的学生成立的实训基地。培养模式一般是先由教师引进跨境电商企业业务,学生再利用所学知识处理企业的跨界电商业务。这是一个从理论到实践应用的转变过程。

15.3.1　提高跨境电商工作室基础建设,重视教师培养

硬件设备是现代化教学的基础保障。因此,高校应加大对跨境电商工作室硬件的投入,购买前沿科技书籍以及必要的教学辅助工具和平台,并定期进行更新。

除了硬件设备,教师教学能力这一软件资源也应得到高校的极大重视。教学相长是教师必备的素质,特别是跨境电商的前沿知识更新速度较快,必须及时对师资进行培训,提高教师的知识储备和教学能力。

在鼓励教师培训方面,高校也应采取鼓励措施,对自主学习并考取跨境电商相关职业证书的教师进行奖励,增强教师提高自身能力的意识和积极性。

高校还可以充分利用留学回国教师资源,召集具备留学经历的教师分享海外市场信息,通过亲身经历带动学生对跨境电商的深入了解;调动具有跨境电商实操经验的留学回国教师组成团队,主动寻找适合跨境电商工作室的项目,带领学生参与项目操作过程。

15.3.2　"院园合一"的跨专业人才培养

电子商务专业本身是集电子信息技术与商务于一体的专业。跨境电子商务要求学生既要掌握电子信息技术和商务知识,还要具备外语能力。随着"互联网+"模式的兴起,各行各业都加入电商平台,因此跨境电商不仅包括电子商务、国际贸易、国际商务专业,还包括物流、计算机等相关专业。人工智能时代会有更多的行业运用信息技术,人才培养方面也应注重跨专业的融合,可以支持学生跨专业选课,建立跨境电商人才培养课程群。学生在掌握本专业知识的同时还应掌握电商相关的基础知识和运营方法。

15.3.3　"院园合一"的实践型人才培养

"院园合一"是高等院校的专业院系和专业园区的一体化。"院园合一"本质是以校企协同为手段和路径,以培养应用型人才为目的,有效地解决校企合作中学校育人公益性与企业营利性之间的矛盾,实现工学结合。

15.3.3.1　"案例教学 + 工作室实训"人才培养的途径

在传统教学中,教师多以列举案例的方式使讲授的知识点深入浅出,方便学生的理解。但对于跨境电商类实践性较强的学科,仅仅举例传授知识并不能让学生真正掌握技能。"案例教学 + 工作室实训"的教学模式,是将学生带入跨境电商工作室中,直接使用工作室运营过程中的实际案例,对知识点进行强调,让学生可以在亲身体验中理解知识的运用。

在工作室运营过程中,学生会遇到更多课本以外的实际问题,解决了纸上谈兵的问题。学生在工作室运营过程中,还可以掌握制作商品详情页面、客服、上传商品信息、商品拍照等实操技能。通过学生在跨境电商工作室的反馈可知,学生非常满意"案例教学 + 工作室实训"的教学模式,甚至能力强的学生可以学以致用,开设自己的跨境电商店铺。

15.3.3.2　校企共建项目化的课程体系

在项目运作过程中,高校组织项目课程,调动各种资源和专业兼职教师资源,联合授课,推进工学结合、在职实践的教育教学改革。校企共同制定课程进阶体系,建立情景化教学体系,从而满足跨境电商课程开发与实践教学的要求。

高校的横向项目是指学校与企业协商、共同开发有利于企业发展的课题。企业在发展过程中,经常会出现缺乏技术和研究人才的现象,因此需要委托学校为其在某些方面提供必要的技术支持和研究分析。

教师应重视教学和科研互相促进的作用。因此,学校应改革传统的课程体系,将校企共建项目引入课程体系建设中,针对企业所需的技能和知识开设专业课程,实现定制化培养模式,提高学生对岗位的适应性,达到产学研结合的效果。

15.3.3.3　学校主动入企调研,寻求校企合作机会

针对企业的校企合作意识薄弱问题,高校不能被动地等待企业联系学校,而应挑选适合校企合作的企业主动与其联系,并组织教师走访调研企

业,将学校和学生的情况反馈给企业,与企业的用人需求进行对接,主动寻求校企合作机会。学校应遵循校企互利共赢的原则,制定合理的校企共建人才培养方案,签署合同,为学生培养效果列出职业生涯规划等具体实施方案。校企合作的运行机制应符合企业的要求,遵循教育教学规律,明确学校、企业、师生在校企合作中的责任和利益,形成校企合作的运行机制。

学校应创新校企合作模式,鼓励企业通过创业教育与高校合作,开展订单式人才培养,参与课程设置、教学安排、创业人才评估方法等的制定过程。学校应完善校企合作的协调机制,探索建立省级协调机构,组织协调企业参与高校的创业教育。高校要不断完善政策,吸引企业积极参与高校创业教育。学校应建立合理的补偿机制,根据企业绩效给予有形的、有区别的物质奖励;创业教育中出现的新产品、专利,应当允许合作企业优先使用、购买,并享有适当的利润分享权。学校应改革高校的人事管理制度,鼓励教师参与企业主导的创业项目,将创业教育纳入企业社会责任评价,引导高校依托创业教育的平台,为企业提供项目技术攻关和人员培训支持。

跨境电商卖家主要分布的地区为广东省、浙江省、江苏省等地。学校在寻找企业时也应向跨境电商业务较多的地区扩展,开阔思维和眼界,打破地域的限制。

15.3.3.4 借助跨境电商工作室实现学校、企业和学生三位一体

跨境电商工作室应从企业需求出发,制定企业跨境电商相关业务岗位技能考核标准。企业负责培训工作室的指导教师,同时负责考核学生队伍。企业要入驻工作室或进行经常性的指导,从专业的角度分析工作室运营中遇到的各种问题,使工作室在真正的创业环境中运营。学校要提高学生管理水平和工作室的工作效率,就要营造一个真正的工作氛围,使学生能够提前进入社会角色,快速明确工作目标和任务。

跨境电商工作室采用校企合作的方式,主要由学校教师负责,建立企业创业导师评聘制度,切实保障创业导师教学水平和质量。工作室明确人才培养的方向,完善创业人才培养质量评价体系,在企业高级跨境电商人才的协助下拟定实践教学内容以及相关岗位的技能考核标准。跨境电商工作室全真模拟跨境电商企业的经营活动,使得学生提前进入社会角色,能够大幅提升职业能力。

15.3.4　改革学分制,将实践分值纳入考核

学校在改革教学方式的同时,应改革考核方式,考核学生参与的跨境电商工作室工作,倡导团队化运营模式,使学生可以凭借工作室的实践运营成果或取得的职业证书、大赛证书等获得学分,真正实现以成果代考、以赛代考的考核模式。同时,在工作室工作的学生,可以在指导教师的帮助下提前列出职业发展规划,为未来企业就职奠定基础。这样不仅可以提高学生参与工作室的积极性,同时也促进了学生学习的积极性,有利于改变传统的教学模式,增强学生的能动性。

基于跨境电商工作室的本科人才培养模式是高校提高跨境电商学生实践能力、改革传统教育模式的必经之路,但在实践中还存在着诸多问题。因此,高校和企业都应重视实践人才的培养,并在硬件和软件方面给予大力支持,以促进高校人才培养得以顺利进行。

第 16 章

"院园合一"机制下基于工作室的跨境电商双语人才培养实践研究

培育融通跨境电商、国际经济与贸易、大数据和人工智能等跨学科知识且具备儒魂商才素养的国际化、应用型人才，已成为数字经济时代高校迎时促变、抢占先机的共识。由此，一系列有关应用型人才培养模式和实践路径的研究得以广泛展开。"院园合一"机制下基于工作室的应用型双语人才培养实践研究，彰显了创客工作室的师生同创特质，成为塑造"专创"融合的应用型双语人才的实效性探索。当今时代，跨境电商应用型人才的培养需要双语通道的勾连和嫁接，因而，如何通过适用模式提高践行功效，引起众多教育工作者的广泛关注和不断探索。

16.1 "院园合一"机制构建是应用型双语人才培养的实践探索

"院园合一"协同育人机制，是特色化办学的创新思维。该机制尊崇专业学院与实践基地（产教园区）合二为一的理念，倡导多学科知识融通，强调通过校企协同、产教融合等多种形式，构建师生同创、企生共创、学生自创的创新教育系统，并在项目驱动下打造实训式人才培养模式，为社会培育具有国际化视野和良好专业品质的综合型、应用型人才。

实践过程中，学校充分借力于该机制下资源共享的优质高效、合署办公的灵动性和跨学科综合平台的联动效用，真正赋予了呆板理论的说教以鲜活生命力,能够使学生们在入企实战中发挥出无限潜能,在实操中进一步掌握核心技能,实现学以致用的目的。

16.2 创建创客工作室成为"专业 + 创新 + 双语"体系构建的实践动能

创建创客工作室,目的在于以实际项目的运营来驱动并强化实践教学,通过师生携手组团等协同手段,完成高效能实践育人的综合功能,最终实现理实一体和双效提能。

以青岛黄海学院为例,学校坚持校政行企四方聚合联动,构建了"专业 + 创新 + 双语"的实践教育体系,而创客工作室的创建,恰恰为此一体系的成功构建积淀了实践动能。学校通过积极引进校外企业,鼓励师生创办小微企业,借助学校的区位地理和资源优势,搭建师生同创的平台空间,并借助青岛作为新港滨城的国际环境和西海岸灵山湾文化产业园区核心地带的资源优势,将双语教育融入跨境电商核心课程体系的构建中,使其不仅适用于课堂教学,也走出了讲堂,进入实践工坊和创客空间,真正发挥了通联专业、助创通道的作用。

跨境电商创客工作室实行引企入校的双导师制,即课堂内外的教学任务和课程考核工作由学校教师和企业导师共同完成,让学生在真实场景中体验到所学专业涵盖的相关业务技能,熟悉一系列操作规程。师生间双向合作,广撒网、宽视野地进行了相关项目的深层次驱动。导师们全程精准化地对学生的项目运营进行指导,既运用了跨境电商专业理论知识和双语综合应用技能,又获得了实际体验和反哺于教育实效的心得,培育的是企业真正需要且能胜任工作岗位的跨境电商应用型双语人才。

16.3 跨境电商应用型双语人才培养的创新型思路及其践行功效

应用型双语人才的培养,不仅是提升专业人才综合素养的必然要求,也需要考虑语言应用实效的提升策略。因此,一些颇具个性的创新思路便浮出了水面,具体到跨境电商专业和行业方面的高素质人才培养,更呈现出"专创"融合实践典范的特点和效用。

16.3.1 应用型双语人才培养的特色化创新思路

创新作为一种实践,理应规避一成不变的固有模式,却也不能单纯为了求新、求变而失去理性判断与自身特色,尤其是在系统化思维、团队性建设和双语实践等方面,更要彰显协同思想、团队精神和发展理念。

16.3.1.1 "院园合一"使得多方协同成为一体

"院园合一"协同育人机制,旨在深入推进专业教学单位与数字经济创新创业园区的深度融合,日益完善"学业+产业+创业"多学科融通的优质化教育和创新实践育人体系。在此体系中,技能人才的培养使得国际化和中外协同成一体变为了现实。各学科专业知识借助于双语通道架构起的桥梁作用,不只在本领域释放单体微热,也向着高端高能、多领域并用和全球化创展迈开了步伐。

16.3.1.2 创客工作室让师生同创得见实效

实行创客工作室制,目的是让学生在自身专业见习上得到精进式体验,在校企协同实战教学模式、线上线下融合手段以及高效能团队共建等方面实现跨境电商专业知识传授和双语技能提升的合二为一,一方面加强校企合作,另一方面又通过双导师制发挥融平台操作、翻转课堂和实效评估于一体的综合测评功能。

创客工作室制强化了项目驱动式实践教学功能,能够充分利用语言通道通联平台,完善基于创新、创业、创客的实训式人才培养模式,丰富了教学做合一的实践教学三体架构,将企业项目引入模块化课程体系,把创新意识融入教学,激发了学生的潜能。导师也把产学合作细化到实践过程中,使得产教深度融合、校企协同育人和师生同创前行,也加速了课程设置、产业对接与人才需求之间的接轨密度和融合节奏,减少了学校在双语人才培养方面的被动性、单一性和滞后性。

16.3.1.3 跨境电商促发"双语实践"迈向世界舞台

跨境电商专业人才综合素养的提升,着重于扎实的英语基础和灵便的双语应用能力,并需要基于跨境电商群建设的专业要求和职业技能,在平台策划、项目运营和成果转化等方面突显出国际化格局。因此,在世界大舞台上,跨境电商因语言本身和服务群体的特殊性,更大程度上促发了双语实践的跨界融合特征与国际交际功能。

工作室制让基于跨境电商的国际贸易、外事翻译、商务管理和平台建设等不仅有了可以依附的实体空间和技能施展的用武之地,更让一切"专创"融合思维下的双语实践开始走向国际化,从而有了更高级别的追求,以更加开放的思维萌发出新的实践思路。

16.3.2 跨境电商人才双语培养模式的践行功效

以跨境电商工作室为例,如其真正想在一方狭小的空间跨向未来,实现经贸、物流和电子商务等的融通、畅达,所需人才不仅要具备深厚的国学素养和敢创敢闯的创客精神,更要有国际化思维和双语应用技能。尤其是提供在线服务的平台运营人员,打通英汉语言双通道或高效开发出多语言市场的增长潜质,才能更便于实现客户沟通的畅行无阻,真实展现出自身商品的特性和最佳卖点,从而助力买家更加真切地知晓商品详情,促成订单交易,并在此基础上完成一系列的接续服务工作。

应用型高校争相培育具有儒魂商才素养的应用型"专创"融合式人才,不断打造在跨境电商、国际贸易、仓储物流、人工智能和互联网金融等专业中融入国际化视野和民族文化内核的精品课程体系,并通过双语授课、微平台增效等形式,提升学生的商务专业知识技能和外语综合应用能力。应用型高校鼓励学生积极参加"互联网+创新创业"大赛、"创青春"大赛、职业生涯规划大赛、国际经贸与商务专题竞赛、全国高校商业精英挑战赛、跨境电商创新创业大赛等,力争以良好的专业素养和双语能力取得不俗成绩,较好地证明了"专创+双语"的跨境电商双语人才培养模式的可行性,也展现出精于至臻的"双师双能型"师教风貌及其培育出的德才兼备的时代精英风采。

"院园合一"机制下基于工作室的跨境电商应用型双语人才培养实践探索,是数字经济时代实现"专创+双语"教育思维新突破和特色化育人模式的大胆尝试,看重的是专业适用和双语融通,也讲求师生协同和平台实效,对寻求应用型、创新型人才培育模式起到了一定的带入作用,并在更广阔的学科领域展现了信息化技术较为强大的辐射功效,将为数字经济时代的应用型高校深度践行"知行合一"理念、高效开展理实一体的优质化"专创+双语"实践教育提供一定借鉴。

第 17 章

基于工作室的大学生跨境电商创业模式探索

跨境电商工作室顺应时代需求,以项目为载体,工学结合,校企合作,使得理论和实践相互促进,既丰富了学生的理论知识,又增强了学生的实践技能,激发了学生的创新意识和创业潜能。但是,跨境电商工作室在实践过程中遇到了人员流动性大、规章制度不完善等问题。因此,寻找一条适合的跨境电商发展模式有着极其重要的意义。

17.1 大学生跨境电商创业的背景

从 2012 年开始,国家推出了一系列促进跨境电商发展的政策,为大学生进行跨境电商创业提供了前所未有的机遇。2013 年 12 月,财政部、国家税务总局发布《关于跨境电子商务零售出口税收政策的通知》,明确了跨境电商零售企业退免税的条件,从而大大降低了企业成本。2014 年 2 月,海关总署增列"跨境电商"海关监管方式代码"9610"。2015 年 6 月 20 日,国务院办公厅发布了《关于促进跨境电子商务健康快速发展的指导意见》。2017 年 4 月 8 日,财政部联合海关总署和国家税务总局,又共同推出了《关于跨境电子商务零售进口税收政策的通知》。以上跨境电商政策的密集出台,对于电商行业的发展起到了积极的推动作用。

在全球进出口贸易整体疲软的情况下,我国跨境电商行业却生机勃勃。2016 年,交易规模达到了 6.7 万亿元人民币,近五年 CAGR 高达

33.65%,远高于同期外贸总额增速和 GDP 增速。其中,出口跨境电商规模远大于进口。2016 年,出口总额为 5.5 万亿元人民币,占跨境电商总额近九成。细分出口跨境电商可以发现,B2B 模式是出口电商的主流,2016 年,总额达 4.5 万亿元,因为其单次交易规模较大。2017 年上半年,我国跨境电商交易规模约 3.6 万亿元人民币。其中,出口跨境电商交易规模为 2.75 万亿元人民币,进口跨境电商交易规模约 0.85 万亿元人民币(包括进口 B2B、进口 B2C、进口 C2C)。总体来看,跨境电商的市场增速都在 20% 以上,处于高速扩张阶段。

在大学生创业层面上,国家也相继出台了一系列扶持大学生自主创业的政策。例如,《大学生自主创业优惠政策》明确了自主创业的毕业生从毕业年度起可享受三年税收减免的优惠政策。从 2015 年开始,教育部、对外贸易促进委员会等部门为提高学生的创新能力,发掘大学生的创新创业潜质,举办了一系列创新创业大赛,例如"互联网 +"大学生创新创业大赛、OCALE 全国跨境电商创新创业能力大赛。

2015 年 5 月,教育部举办为期 6 个月的首届"互联网 +"大学生创新创业大赛,旨在增强并提高学生的创新创业意识和能力。近几年来,各级政府逐步加强了对于大学生自主创业绿色通道的构建。这些无疑表明,大学生是当前时代环境下的宠儿。

"大众创业、万众创新"的国家政策,为当代大学生提供了更多的创业机会。大学生创业不仅可以使社会紧张的就业形势得到缓解,同时也是大学生个体的一种自我提高。据统计,每年有 2% 的大学生投入创业的队伍中。虽然由于资金短缺、经验不足等各种原因,这中间每年有 67% 的大学生创业失败,但是还有 33% 的大学生创业成功了。根据不断积累的数据来看,现在大概已有 20 万大学生创业者。

17.2　工作室制下大学生跨境电商创业优势分析

在工作室制下,大学生进行跨境电商创业有着得天独厚的优势。

首先,T2T 的创业导师团队。T2T 的创业导师团队通常由校内学业导师和校外企业导师共同组建。跨境电商创业教学的实施以工作室为基础空间,以跨境贸易为行业主线,以创业项目为实践载体,通过组织学生参与创业项目,培养学生自主学习、独立解决问题的能力和团队合作意识,以此不断提升学生的专业素质和综合职业素养。对于国际贸易及相关专业的学生来说,由于学生个人的经验、资源和能力有限,从事跨境电商创业首先要组建团队,每支学生团队以 4～5 人为佳,共同开发某一项目,然后由创业导师启动跨境电商项目,带动学生创业,同时在创业的过程中为学生提供解决问题的环境、平台与条件,不断锻炼学生的产品开发、国外市场开发、网店运营、网店美工、网店客服、营销推广等职业技能,同时也锻炼学生的沟通、表达和执行能力。

其次,相对较低的创业门槛。随着现在就业问题的日益突出,大学生创业成为解决就业问题的一个途径,而在大学创业实践活动中,创业资金成为大学生创业成功与否的关键性因素。大学生创业资金来源有限,并且以自筹资金为主。据统计,90% 的大学生创业资金不足 10 万元,有限的资金每个月都需支付办公场所的租赁费、员工的工资、水电费、物业费以及办公用品等基础性开支。而大学生创业周期一般较长,很多是在起步时因为这样的一些基础性开支无法支付而走向失败。在工作室制下,大学生创业就可以完全解决这些问题。学校提供了免费的办公场所,志向相投的同学一起创业就减轻了为场所租赁费和员工工资发愁的顾虑,大大降低了创业对资金的要求,提高了创业的成功率。

再次,良好的英语基础和丰富的专业知识。进入高校的大学生都有着十几年连续学习英语的经历,在跨境平台上与外国人进行邮件的往来应该是没有问题的。并且,现在的高校都在推行国际化合作,校内的留学生也不少,这有利于大学生学习需要的小语种、提高自己的口语水平以及了解不同国家的风俗文化。跨境电子商务是随着互联网的发展而逐渐发展起来的,作为新生事物,其发展虽然迅速,但在人才方面还相当缺乏。根据社会对于人才的需求,高校现在都在推行跨境电商系列课程和大学生创新创业专业教育,并有相关的操作平台助力学生进行实习、实践的训练,以着力培养能够理论和实践相结合、人才教育和创业引导相结合的应用型、复合型人才。

最后,高涨的创业激情和活跃的创新思维。创新和富有激情是大学生群体的个性优势。大学生本身的特点是教育水平较高、善于学习、思维活跃并敢于创新。另外,大学生还有一个家庭负担小的优势,在创业的问题上可以勇敢一拼、放手一搏。

17.3 工作室模式下大学生跨境电商创业存在的问题及解决思路

在工作室模式下,大学生进行跨境电商创业是符合国家政策要求的,也是高校探索理实结合、产教融合的一条路径,但在实践中也存在着一些问题。

17.3.1 学生的流动性比较大

大学四年,是学生进入工作室的周期。大一的时候学生们刚刚脱离高中生活模式,对跨境、创业了解较少,他们真正能对跨境电商进行操作应该是在大三的时候。这个阶段的学生各方面都比较成熟。然而,大三的学生留在学校的时间有限,造成了工作室人员流动性较大,工作室也一直处于培养初级创业者的阶段。此外,学生进入工作室进行跨境电商创业的初衷,好奇心和激情占据了很大一部分。当这种好奇心和创业激情消去的时候,他们就往往会选择离开工作室。

针对学生流动性比较大的问题,学校可以设立相应的人才梯队并加以储备,尽量在大一、大二的时候完成对初级创业者的培养,且对大三、大四的学生进行层次拔高处理,同时可延长毕业大学生享受在校带学生优惠待遇两到三年,这样会给一个团队五到六年的扶持培育期,以确保人才和团队的成熟。

17.3.2 教师和学生精力投入跟不上

高校教师的科研、授课任务比较重,这两项也是学校对教师进行考核的重点项目。因此,教师都会把主要的精力放在科研和授课上,而在工作室上兼顾的精力较少。现阶段的学生课程较多,白天的空闲时间较少,进入工作室创业只能利用空闲时间,同时他们还要参加各种专业等级考试,用在创业上的时间很有限。

针对团队精力投入不足的问题,高校可以把实践性教学项目放到与授课、科研同等重要的位置,从根上解决教师的精力分配问题。高校应完善对学生的考核制度,加大学生实践性考核力度,允许创业项目良好的创业者休学进行创业,解决学生的时间不足问题。

17.3.3 工作室的运营制度不完善

工作室运营制度不完善。工作室既然是一个组织,就要有组织的运营制度,而工作室在运营过程中,由于没有很好的运营制度,导致教师对工作定位不清楚,对工作室成员不够负责,也没有设置合理的个人目标。工作室运营制度和工作室发挥的效果有直接关系。因为工作室没有合理的运营制度,导致工作室在建设过程中杂乱无章,各成员也束手无策,进而导致工作室不能发挥其应有的作用。

工作室需要建立一套完善的考核、评价、奖励机制。工作室负责人的教学理念与方法、管理水平、理实结合的水平等方面,在不知不觉中会影响学生对于工作室的热情和持续战斗力,这些都是大学生创新创业得以实现的前提。因此,工作室需要一套完善的考核、评价、奖励机制来提升团队的凝聚力和竞争力。

在工作室人员的选拔方面,建议进入工作室的人员要采用竞聘制度,通过饥饿营销的模式设置试用期,并采取优胜劣汰的考核制度。要克服硬派的做法,把原来的"要我进"变为"我要进",以此激发学生进入工作室实践的热情。

17.3.4 静态的教学模式和动态的工作室模式相冲突

学校课程的教学内容和教学大纲通常情况下是提前设定好的,在一届学生的学习周期内是相对固定的。在网络化、信息化的今天,信息更新换代的速度很快,四年前设计好的教学内容对大四的学生来说已经陈旧。工作室对外承接的项目来源于社会,时效性较强,这就造成了学生的专业知识与实践相脱节的问题。

因此,为解决好这种静态的教学模式和动态的工作室模式相冲突的问题,要在教学模式中对授课内容进行及时更新,做到与时俱进,把最新的理论知识教授给学生,不断丰富教学内容。更重要之处在于,工作室中的项目让教学与实践相互结合在一起。

第 18 章

基于工作室的创新创业教育体系构建及运行机制实践效用探究

　　青岛黄海学院在"院园合一"校企协同育人机制下基于创客工作室的专业化人才培养实践教育理念指引下,经历了较长一段时间的实践和探索。现以青岛黄海学院为例,详细诠释基于工作室的创新创业教育体系构建、所形成的机制运行方案及其"双创"实效。

18.1　基于工作室的"双创"教育体系构建和运行机制所研究的内容

　　工作室制重在强化实践主体的参与和体验式认知,并基于项目驱动辐射教育实效,因此不可脱离于整个"双创"教育体系的构建过程。现结合运行机制的实践效用对其加以解读。

18.1.1　高校基于工作室模式的实践探索

　　随着"互联网+"时代的到来,其信息化和平台化特征引发了"双创"教育实践的诸多创新型思路,从而激发了人们对于当今时代高校教育的发展轨道和适用路径方面诸多全面而有效的思考。那么,究竟如何创建灵活、高效的实践载体,以在模式创新和体制升级中不断增强大学生的创新意识,彰显出创新创业教育的适用性、社会化和高效能特征,就成为教育工作者们较为关注的问题。

　　新时代的创新创业教育具有重体系、分梯度、讲规格、看实效的特点，因而不少学校的创新创业学院、校内外所建基地或者科技创新园区都依据各级政府"双创"工作的实施精神，积极探索极具适用性的教育实践模式，不仅融入了更多的人文内涵和科技含量，也以此为基础积极探索梯度分明的大学生创新创业管理、运作和服务机制，从而走出了极具特色的建设之路。通过工作室实践载体架构起的"双创"教育体系和运行机制，大多本着广撒网、细搜罗的原则，对其相关实效展开覆盖较为全面的实践研究。

　　笔者发现，在创新创业教育日益走向成熟的今天，高校需要吸纳创新型智慧，通过在教育优质化和适用性方面下大功夫，构建真正体现自身特色和时效性强的创新创业教育体系。目前，高校大多是通过兴建孵化基地、设立创业园区或是建造孵化器等形式，指导大学生创新创业实践项目并开展具体运营活动的。青岛黄海学院大学生创业孵化基地"一地多翼"的运营思路，较好践行了"知行合一"校训，在"院园合一"校企协同育人机制的指引下，有效开展了基于工作室的大学生创新意识培养和创业技能提升等服务工作，成效明显。由此也证明，构建并施行贴合社会、学校和学生实际的"双创"教育体系与高效能管理机制，有可行性，也势在必行。

　　高校"双创"教育体系是一个生态化平衡系统，需要多方坚持与时俱进，充分发挥学生的自主创新意识，鼓励其积极参与创业实践，紧密关注学科前沿萌发出的创意，不断地完善孵化基地、园区等入驻流程，做好相关的培训服务和综合管理工作。工作室作为其中的一个实践单元和运行符号，起到了不可替代的推动作用。

18.1.2　创客工作室自身具有的实践动能

　　创客工作室本身就是极具创新意识、创造精神的实体空间和实践载体，其自带的运营思路、基本功能和服务理念等，合力生成了诸多有效的创意元素，并不断发挥着实践动能。

18.1.2.1　创客工作室彰显分层次进阶、特色化育人特点

　　创客工作室倡导分层次进阶模式，涵纳了普及型的创业教育、针对性的"双创"实践和系统化的人才培养，并通过一系列特色化创新路径，实现了实践育人的目标。目前的一些做法已在很多高校实施，有些学校还在本、专科学生群体参与的工作室中实行学分互认或课程替代，通过滋养精神、

放活机制来不断激励和助推学生的创新创业实践活动。

在实践中,青岛黄海学院摸索出一套集产业、学业和创业于一体的新型模式,即广视角、大平台效用辐射下的工作室创新实践模式,形成了实践课程与社会行业相融合、多元学习与立体创业成一体、人文素质与实践能力求同步的特色化育人模式,并进一步在产教融合方面谋求优质化发展之路。

18.1.2.2 创客工作室践行平台化运营、人本化管理思路

创客工作室倡导通过众创空间的平台化运营,来构建校内外企业实体、学生创业班团队和多方合作平台三位一体的运行机制,并以参与各级、各类大赛为突破口,鼓励师生同创共进,实现各个工作室的水平提升及其长效发展。目前,国内不少高校已通行此类做法。

青岛黄海学院"黄海e代人"创客空间自获批国家级众创空间以来,以其高效组建的创业班团队,借助于电商平台、以往大学生创业就业孵化机构和创协的联动作用,齐心做好内引外联工作。创新创业教育学院也以数字经济创新创业园为依托,联合各二级学院实行双重管理,实现了体制上的"一地两制"和"严爱有加"的人本管理,为创客工作室的良好运营提供了有力保障。

18.1.2.3 创客工作室践行协同式创新、接续型服务理念

创客工作室的设立,有利于解决"双创"育人模式中实践断层问题和长效发展的瓶颈。笔者研究发现,不少高校克服制约因素,坚持跨界融合和协同创新,充分发挥了创客工作室的协同创新和接续服务功能,不仅实现了多方共建,也瞄准了"双创"实践体系;不仅获得了接续发展,也使得运营机制日益完善。工作室模式所倡导的创新创业服务体系,包含学生创新意识培养和创业苗圃、创业培训、创业服务、创业加速、创业跟踪五位一体创业服务实践功能发挥,在专业性、产业化和行业化方面实现了融合进升。

创客工作室将创新元素融入创业服务链条之中,大力推进了"双创"教育良性服务体系建设,并采取生态化育人模式和高效能运行机制,受到了人们的广泛关注。但目前高校基于工作室的"双创"教育体系生态化运营思路和有关学生创新技能提升策略方面的研究,还处在相对薄弱的阶段。因此,高校应坚持"院园合一"校企协同育人模式,并依附于工作室载体将之付诸"双创"实践,为高校在新时代创建适用性强的生态型创新创

业体系,进一步谋划优质、科学的发展蓝图,提供可行性建议,极大地促进大学生创新创业教育由"低端、弱能"向"高、精、先"方向发展。

18.2 基于工作室的"双创"教育践行模式和服务体系特色效用探究

随着"互联网+"日益成为创新型思维模式,各类高校应坚持与时俱进,争相竞技,以实际行动将该模式融入以信息化涵纳创新思维、用科技元素融通创业理念的全局谋划的教育大环境中。在信息化技术的高速推动下,众多大学生创业孵化基地和创客空间也大规模地兴建起来并力推工作室模式。由此,一大批有志于投身于"双创"工作的人士,凭借着创新思维和自身的超凡胆识,在日益兴起的热潮中占领制高点,创建团队或公司,规划运营并不断精研技术,以项目驱动激发内生动力,用实效佳绩赢得创新发展,并以新颖创意和实干精神实现共赢和创收。一些政府机构、民间团体和科研院所也紧跟着时代发展的步伐,努力探索基于工作室的"双创"教育和实践模式。

依托于此一背景,青岛黄海学院以"知行合一"为校训,惟德惟能,尊崇优质化办学理念,并紧密结合自身实际和发展规划,积极探索"院园合一"校企协同育人的创新型教育实践模式,将创业融入专业,以专业引领创业,让创业带动就业,发扬师生同创精神,创建工作室实践载体,走出了一条特色鲜明的创新创业优质化办学之路。

18.2.1 构建基于工作室的创业服务体系是发展优质化教育的有效路径

笔者认为,"互联网+"时代,着眼于促进优质教育资源的均衡性和平等化,也以更加科学化和人性化的方式带动了教育向着平台化和体系化方向发展。但实践证明,创新创业教育,仅靠搞孤岛式设计很难取得成效。基于体系化构建能够较好发挥整体功用的长效机制建设考虑,"双创"教育务必要以优质化思路做好创业服务体系的构建和维护工作。因而,工作室模式迎时而生并卓显成效。

以青岛黄海学院为例,"院园合一"校企协同创新育人模式下的工作室模式,秉承学校优质化办学理念,坚持了探索适用性的实践教学模式,瞄准了融商务、经贸、双语、物流等于一体的生态型体系构建。学校认真领会各级政府"双创"政策指导精神,结合自身实际独辟蹊径,并勇于突破自我,不断强化省级大学生创业孵化示范基地内的人本管理和全面化建设意识,以创智孵化的五位一体来构建基于工作室的大学生创业服务体系,即包括创业苗圃、创业培训、创业孵化、创业加速和创业跟踪等在内的整体架构,通过积极营建儒商学堂提升内涵并培育精英品质。学校通过强力打造众创空间熔炼应用技能,通过大力兴建企业工坊发挥全方位的服务效能,通过工作室项目驱动实践操作,迅速实现增效提能。

这里的创业服务体系,不脱离工作室的实践载体,而是立足于大学生创业各个阶段可能出现的问题,将对创业苗圃(创业团队)、初创企业和成熟企业的孵化作为重点,不断地以任务型的项目驱动方式,从培育创业大学生入手,积极开展创业前培训,提供一条龙式的创业服务;重点开展创业中孵化,切实加强对于初创企业的支持力度;坚持扶上马送一程,把对学生创业后的追踪反馈工作做到位;通过及时跟踪企业后续发展,开展为期一年的跟踪扶持指导,做到高效提升创业成功率。该体系集聚行业、企业、学校和社会各方力量,在创新创业优质化课程体系设置、应用型人才培养、"双师双能型"师资建设、社会化培训和专业化教科研等方面实现深度合作,并以新型的"网商学堂 + 企业工坊 + 创客空间"方式,构建基于工作室模式的创业扶植体系。它集创业教育、创业孵化和创业服务于一体,功能较为完备且创业孵化功效显著,成为构建优质化"双创"服务体系的可行性路径。

18.2.2　新时代背景下基于工作室的大学生创新创业服务体系特色效用

信息化教学在目前已经成为创新创业教育的得力手段,为大学生创新创业实践服务工作的高效开展提供了资源引介和便利。基于此,以工作室为载体构建五位一体的特色化创业服务体系,根据学生个体特征和创新创业的具体化需要,助力"以创业带动就业"意愿的实现,是高校遵循新时代优质化教学思路引发的创新举措,势必会带来利于自身特色化发展的实际功效。

18.2.2.1 以数据化呈现"双创"服务和优质化教育成效

这里所说的工作室模式下五位一体的创业服务体系,属于不可分割的生态型链条环节,在整个优质化教学的体系架构中发挥着一体化融通和积极的反弹作用。此服务体系以数据化为追根溯源的参照,以体系化营建为打造优质化创业服务的终极目标,并通过二者的牵拉互补作用展现良好的弹性化效用,极大地有利于创新创业实践教育的接续前行和深入开展。目前,青岛黄海学院大学生就业创业孵化基地所倡导的五位一体创业服务体系,瞄准了大学生创新创业的阶段性和差异化需求,采取分层次教学和梯度式培养的模式,以优质化的课程体系设计、高效能的培育方式和开放式的践行思路,为打造省级优秀大学生孵化基地品牌和更好地开展大学生创新创业工作奠定了基础。

青岛黄海学院近年来为更好地服务半岛蓝色经济区建设,将深化"双创"教育改革作为学校综合教育改革的突破口,打造出了师资优化、功能完善、承载力强、示范和带动效应明显的大学生就业创业孵化基地,并借助于工作室的有效模式广泛开展实践教学。学校创新创业教育学院承担着全校大学生的创新创业理论与实践课程的讲授工作,并有面积达一万余平方米、投入建设资金达两千多万元的创客空间,其中的创客工作室设施齐全,通讯便捷,不仅实现了学生自创和企生共创,更有良好的师生同创业绩,充分发挥出了实践功效。学校曾涌现出以程文明无人机航拍、李彩云中云达商贸公司等为代表的创业典型;学校的自品牌服务公司,也成为助推大学生创新创业的典型案例,受到了各界普遍好评。程文明和他的无人机航拍梦曾得到时任青岛市市长张新起的关注。随着各类媒体的报道,青岛黄海学院搭建孵化平台助力学生创业的情况,为学校更加高效地进行创新创业优质化办学,进行了最具说服力的形象宣传。

18.2.2.2 营建特色化自品牌,发挥良好的辐射功效

工作室模式发挥了自身的教育功用和实践效用,在大学生就业创业孵化基地良好运营的基础上,依托于校内外的强效资源和优势专业,由教师运营管理、师生共同参与,借助青岛黄海学院的优越环境和师资力量深入开展校企协同育人实践活动,极大地调动了教师和学生开展创新创意型项目运营和创业班实战项目的积极性,助力大学生创新创业、入企孵化的顺利实现和企业实体、创业团队的高效运营,致力于构筑创新创业者乐园。

"院园合一"校企协同育人机制下基于工作室的自品牌建设,依托学校"服务创业,推动创业带动就业"的创新理念,结合"互联网＋创业"特色,坚守"引导、支持、服务大学生创新创业,打造本土大学生创业第一实践平台"的宗旨,践行学校五位一体的创新创业综合化服务体系构建模式,为全力发挥高效能的创新意识培养、创业能力提升和创智孵化功能,为应用型创新创业人才培训和团队项目的长效运营发展,提供了多方支持。

18.2.2.3　做好创业接续服务,"双通道"打造精英品质

基于工作室的创新创业服务体系,在提供政策咨询服务和方案设计的基础上,能够进一步利用网络平台,实现线上线下"双通道"的特效优化并提供全程优质服务。

目前已入驻青岛黄海学院省级大学生创业孵化示范基地的云商海购创业工作室、创意花束工作室、"0 到 1"创客工作室和乐行-朗威国贸创业工作室等,建设情况和发展态势良好。这些成功运营的工作室案例充分说明,此一服务体系具有了集创新创业师资匹配、项目实战经验介绍、孵化资金补贴和市场销售渠道推广以及"双创"项目跟踪等于一体的综合化接续服务功能,能够帮助学生们不断地建立自信、磨炼心智,并不畏艰难,务实创新,进而逐步培养出卓越的精英品质和企业家精神。

在"互联网＋"时代,基于创客工作室的大学生创新创业教育模式,是高校实现教育优质化的体系化建设突破口和创新路径,有利于其依据自身实际积极探索适用性强的"双创"教育实践模式。以工作室为载体,构建"院园合一"校企协同育人模式和五位一体的特色化创业服务体系,是遵循科学规律和体系化建构长效育人机制的实践体现。实践证明,工作室模式以多元化的人文视角、和谐的创业氛围和生态型的体系建设,加快了高校协同创新的步伐,对于开创"双创"教育的特色化新格局和进一步健全相关的支撑服务体系,将起到良好的推动作用。

第 19 章

基于工作室的"外语 +"模式下商务英语专业学生创新创业能力培养研究

商务英语专业的发展和专业学生的创新创业能力培养一直是应用型本科院校专业教师竭力研究的问题。尤其在经济社会快速发展、产业结构发生变化、就业市场结构也发生变化的新形势下,商务英语作为一种语言工具,对学生能力的培养已不再局限于商务场景英语的听、说、读、写、译,仅靠语言能力已不能满足现实岗位的能力要求。要实现培养人才与现在行业领域的企业需求无缝对接,商务英语专业学生的培养思路必须打开,在跨界融合的大环境下,进行专业融合。因此,"外语 + 专业"的模式便应运而生,也就是说,语言专业无论属于哪个方向,它都需要与某些专业相融合,最终服务于某些行业。本章内容以青岛黄海学院为例,探讨了商务英语专业学生在基于工作室的"外语 +"模式下的创新创业能力培养思路,为商务英语专业的发展和优质人才的培养提供了解决路径,也在人才培养模式方面为其他高校提供了参考。

19.1 "外语 +"模式研究现状及趋势

目前,高校商务英语专业毕业生的就业面仍然比较狭窄,从事英语培训、英语教学工作的居多,和商贸结合的却较少,在很大程度上失去了此一专业设置的本意。因此,高校商务英语专业人才培养和课程设置面临着时代性挑战。学校因势而为,新增商务英语专业适应了区域经济发展的要求,但还需认真设计培养思路,充分考虑社会需求,使商务英语人才培养以市场为导向。"外语+"模式下商务英语专业学生的创新创业能力培养研究的目的,在于激发商务英语的专业人才培养以更高更广阔的视角发展,摆脱传统商务英语教学的模式和套路,研究出一套适合地方区域经济发展的商务英语专业人才培养模式,通过新的思路、课程设置和人才培养体系,使商务英语专业的学生不但提高了语言应用能力,还能够满足专业融合中的素养要求,同时也能够开拓学生的创新思维,运用语言和专业结合的优势提高其自身的创新创业能力,从而完全适应新时代经济社会对高素质人才的需求,并在创新创业上增强驱动能力。

语言属于一种工具,找不到实施这种工具的主体,此工具也必然失去其应用价值,语言专业的发展道路也必然会越走越窄。在我们国家的产业和教育同步进行跨界融合的当下,"外语+"的模式是语言专业发展的正确思路。所以,"外语+"的模式是商务英语专业发展和人才培养实现新突破的契机。

商务英语专业的学生要增强创新意识和创业能力,涉及"+专业"的知识模块和技能培养是创新型语言人才培养思路中的重要元素。目前,很多高校和语言教学者都开始了相关研究并进行了实践探索。

山东某高校外国语学院分析了地方经济社会发展的特点和规律,利用地方的资源优势、区域和产业优势,突破传统观念,关注新兴、边缘和交叉学科,从中寻找新的人才培养生长点,整合有效力量创建了专业品牌。该学院充分利用了国家政策支持搭建平台,落地校企协同育人,采用"语言+"模式使多种语言服务助力地方经济。此做法提升了学生的创新意识和服务能力,增强了人才培养与地方经济的关联性,使人才培养与地方经济社会建设和谐发展。该校在校企联合育人体系方面共建了商务英语(跨境电子商务方向)课程体系,也称之为"语言+"人才培养体系,包括创新能力培养的创新创业教育体系、核心部分的"语言+专业"教学体系和能力提升实训体系。此种培养模式使该校在产学研方面实现了协同发展,颇具实效地做强了商务英语专业,也做活了小语种专业,形成了多语种、跨文化、跨学科的语言文化教育特色,学生在各类经贸洽谈、商博会、商务活动中表现出了突出的创新能力优势。

湖南某高校教改课题"商务英语专业学生创新创业能力培养研究——基于跨境电商背景"也构建了在当代线上线下结合的跨境贸易转型背景下商务英语专业学生的培养思路,紧跟行业发展趋势,定位培养目标,创新培养模式,注重对商务英语专业学生的核心能力锤炼,通过创新实验和实战加强对商务英语专业学生创新创业能力的培养。

由此可见,很多高校目前已经清楚认识到商务英语人才培养的紧迫性,并通过在专业交叉、校企合作协同培养、课程体系建设方面下大力气,不断开阔商务英语创新创业人才培养思路。

19.2 "外语 +"模式下商务英语专业学生创新创业能力培养思路

对于"外语 +"模式下的创新商务英语人才培养,高校可以从以下方面进行路径探究。

首先,学习研究国内相关领域专家和学者对商务英语专业学生的培养思路和模式,学习先进的方式方法;调查研究商务英语专业学生在跨专业融合方面的创新创业能力体现和就业创业能力的现状。青岛黄海学院因处于经济与贸易发达的沿海地区,发挥本校优势打造迎合区域发展的专业群,在大商科专业环境下,围绕着专业建设和服务青岛蓝色区域经济发展,制定商务英语在"外语 + 国际贸易""外语 + 电商""外语 + 跨境电商"和"外语 + 国际商务"模式下的发展思路以及创新创业人才培养的课程建设、师资建设与实践实操方案,不失为明智之举。

"外语 +"模式的核心部分是在商科融合、引企入校、专业共建人才培养模式之下,打造配套专业课程体系,深化跨专业融合。"外语 + 专业"教学体系下的商务英语课程体系,包括基础能力本位的商务英语基础课程模块和能力延伸的专业方向课程模块。课程体系为现有的大商科人才培养体系服务。接受"外语 + 专业"模式创新创业能力培养的商务英语专业学生,将围绕商务英语基础课程模块和专业方向课程模块进行储备期培养,在学习英语模块课程和专业理论课程的同时,直接吸纳跨境电商、国际贸易、国际商务等入驻并对接企业的运营平台,学习美工、外贸平台运营、产品营销、客户谈判、客户跟踪和订单维护等经验与技巧。

学校要深化校企合作,共建育人体系,通过"双师双百"计划打造适于产业发展的"双师型"教师队伍,自有教师主动走出校门,与行业接轨,了解行业前沿发展动态,反馈专业培养标准;行业、企业专家请进来,注入行业、企业发展新能量,校企携手共建创新型师资队伍和创新创业导师库。

学校采用师生企共同参与的工作室制实践实操培养模式,教师作为后驱动力在基于专业发展的工作室中进行理论讲授和实操指导,进行心理分析和业务引导,企业作为前驱动力进行业务训练、项目运营和实战指导。同时,对于有创业想法的学生,学校通过校企共建的创新创业导师库,为其在专业融合的基础上提供创业思路,进行平台掌握、团队搭建等一系列创业服务与指导。

其次,总结高校产教融合、校企协同创新创业人才培养经验以及提高商务英语专业学生创新意识培养的成功做法,结合本校专业建设进一步完善培养方案。以商务英语专业的学生为创新模式的培养对象,跟踪检验创新专业课程体系和培养模式的实施效果,通过对学生在国际贸易、电子商务、国际商务和跨境电商专业领域就业创业上的创新能力施展情况反馈,探索"外语+"模式下一系列商务英语专业学生的创新创业型人才培养途径与方法。

再次,对青岛地区高校商务英语专业学生的教育培养模式和毕业生的创新创业能力及就业创业状况进行实地调查研究,结合学生在就业市场上的流向、满足青岛贸易港口城市人才需求情况及学生就业创业成功与失败的分析和汇总,发现制约商务英语专业创新发展的瓶颈,解决商务英语专业人才培养与市场需求的错差,最终高效构建有利于学生创新创业能力培养的策略与机制。

19.3 "外语+"模式下商务英语专业学生创新创业能力培养条件与保障

青岛黄海学院地处青岛西海岸经济新区,为服务青岛蓝色区域经济的发展,围绕专业建设,校政行企共建了大学生创业孵化基地,陆续引进了青岛本土精通平台运营的50余家跨境电商企业。近年来,学校逐步扩大了孵化基地运营面积,加快了全校创新创业教育、创客孵化的步伐。在实施创新创业教育改革的同时,学校大力整合了校内外优质资源,深化了校企协同育人机制,构建了专业群式的创新课程体系。

学校实施专业学院与产业园统一建制,其中数字经济创新创业产业园融合了电子商务、国际贸易、国际商务、商务英语、互联网金融商科专业,确立并完善了商科教育的"院园合一"校企协同育人机制,从而为"外语+"模式下商务英语专业的创新课程体系建设提供了专业环境和实施前提。目前产业园中共有企生共创、师生同创、学生自创三种创新创业模式,可进行学生的技能培养和实践实操能力培养,并增强其创新意识、创业精神和创造能力。在企生共创模式中,学校和企业把岗位能力需求作为人才培养的起点,校企师资共享、人才共育,为双方开发任务驱动的专业融合教学模块和课程建设提供了保障,也为"外语+"模式下商务英语的课程建设搭建了平台。同时,企业指导学生利用外语进行专业实操,并传授其平台操作的技巧与方法,给学生的实践能力带来了前驱动力;学生也可以基于企业经理的运营经验和产品货源在企业基础上实现自主创业,提升了自身的创新创业能力。师生同创模式,是共同提升教师和学生创新创业能力的有效方式。教师综合商务英语语言要求、专业知识要求和技能实操要求,运用企业平台或自创平台,对学生进行"外语+专业"方面的实操训练指导。共创模式给商务英语专业的发展和专业学生的创新创业能力培养,提供了很大的施展平台。

19.4 "外语+"模式下商务英语专业学生创新创业能力培养研究意义

出于对商务英语专业学生创新创业能力培养的实践考虑,结合青岛地区经济发展特色,探索一系列创新性的应用型商务英语人才培养途径和方法便成为当务之急。这种"外语+"的培养模式给商务英语专业发展带来了新的生长点,并给商务英语专业学生的创新创业能力培养提供了新的思路,同时也对所融合专业的发展和专业人才的培养起到了很大的语言辅助推动作用。这种培养模式与体系,克服了目前高校专业建设思路越走越窄、人才能力单一的缺陷,一定程度上能够保证学生创新创业能力和高质量就业创业,进而打造出适合时代发展要求、符合当地经济需求、从业人员素质高且具有较强语言能力的人才。

基于创新思维开拓和以创新驱动发展来推动新旧动能转换,这种创新创业人才培养思路的探索,给其他专业的发展研究和人才培养提供了可借鉴的参考,为高校在培养外语专业学生创新创业能力的教育实践方面提供了可复制的经验。实践证明,带动应用型高校进行积极有效的育人模式探索,符合当前跨界融合、产业结构调整和创新驱动发展的态势,有利于扭转局面并为语言类教育的发展带来新的机遇。

第 20 章

工作室模式下"以赛促创"创新创业人才培养路径探索

以工作室为实践载体,坚持"以赛促创",正成为时下应用型"双创"人才培养的探索模式。基于对"以赛促创"现状及趋势的个体化理解,笔者在实践路径上突显了青岛黄海学院"产业＋学业＋创业"的办学特色和创新思路,并结合对"互联网＋"大学生创新创业大赛、国家大学生创新创业训练项目和"学创杯"创新创业大赛等的体验式认知,进一步开展有关"以赛促创"的研究,以充分而高效地发挥创新创业实践育人体系的社会化价值。

20.1 "以赛促创"的现状及趋势

根据相关时代背景,基于共性的特色化办学模式理论与实践,对青岛黄海学院工作室制下的"以赛促创"作具体的研究,需要进一步对其现实状况和发展趋势予以理性分析。

20.1.1 推行"以赛促创"的时代背景

近年来,国家大力提倡创新创业,特别是 2014 年 9 月夏季达沃斯论坛上李克强总理提出了"大众创业、万众创新",提出要在约 960 万平方千米土地上掀起"大众创业""草根创业"的新浪潮,形成"万众创新""人人创新"的新态势。此后,他在首届世界互联网大会、国务院常务会议等重大场合和 2015 年《政府工作报告》中频频阐释这一关键词。每到一地考察,他几乎都要与当地年轻的"创客"们会面,希望以此熔铸民族创新基因并增强和激发华夏儿女的创新意识和创业精神。

大力培养创新创业人才是十分有必要的。根据国际形势来看,因为之前的人民币升值,相对于周边的其他发展中国家来说,我们的人力成本以及材料费用极大上涨,导致依赖人力的传统加工制造业逐渐向国外迁移,原因就在于资本总是趋向高利润。加工制造业向外迁移了之后,势必会造成部分人员失业。

那么,在这个时候要怎么办呢?只能去创造就业机会。创造就业机会最简单、直接和有效的做法,莫过于发动大众去创业,让大众自己去挖掘商机,同时推动国家经济的转型,向着高精尖产业进发。

20.1.2 工作室模式下的"以赛促创"

从两个层面上来看,工作室模式以"产业 + 学业 + 创业"的特色化办学模式和学校实体的创新发展思路为基础。因而在这里,青岛黄海学院工作室制下的"以赛促创"工作,也极具黄海特色。

20.1.2.1 基于工作室的"产业 + 学业 + 创业"特色化办学模式

以青岛黄海学院为例,学校始终秉持"知行合一"校训,坚持创新引领创业、创业带动就业,全面深化创新创业教育改革。学校健全"创业苗圃、创业培训、创业孵化、创业加速、创业跟踪"五位一体的"双创"服务平台,并基于工作室模式,通过"儒商学堂 + 企业工坊 + 创客空间"的方式,构建了基于创新、创业、创客的实训式人才培养模式,凸显了"产业 + 学业 + 创业"的特色化办学模式。

20.1.2.2 青岛黄海学院工作室模式下的"以赛促创"工作

笔者所在的青岛黄海学院,近年来组织校内学生参加各类创新创业大赛活动,其中最重要的创新创业大赛,莫过于第三届、第四届和第五届中国"互联网 +"大学生创新创业大赛。第五届"互联网 +"大学生创新创业大赛自网报开始之日起,为了保证项目质量,学校组织专门人员,充分发挥全体教师和学生的创新创业积极性,设立专职人员,深入挖掘各工作室的优秀团队和实践项目,对网报项目商业计划书等材料进行审核,不断地提高项目质量,确保学校大赛实现项目数量和项目质量的双重提高。第五届"互联网 +"大学生创新创业大赛学校最终参赛人次达到了 2 564 人次,覆盖率达到了 16.05%,位居山东省民办高校前列。

随后,学校以工作室为实践载体,组织举行了校级决赛。校级决赛前,学校组织对 37 个现场赛项目进行了分工审核,并就项目商业计划书和路演 PPT 存在的不足提出了修改意见。经过一周的努力,所有现场赛项目的商业计划书和 PPT 都进行了完善,大大提高了质量。校赛结束后,根据省赛分配名额,学校共有 10 个项目进入了省赛。在此期间,学校又组织校内外专家多次模拟路演,就参赛项目的商业计划书、项目视频和路演 PPT 进行了完善,进一步打磨项目,以提高项目质量、增强项目竞争力。最终,经过省赛两轮评选,青岛黄海学院共有 4 个项目获得了省级铜奖,创历年来获奖项目数量之最。

20.2 "以赛促创"研究目的和意义

党和国家对创新创业的重视程度不断提高。党的十九大报告中就 59 次提到了"创新",6 次提到了"创业"。大学生作为掌握专业知识和技能的群体,更应该成为创新创业的主力军。因此,教育部出台了有关大学生创新创业能力培养的一系列政策,地方政府、高校也大力推进创新创业教育,取得了丰硕的成果。很多学者研究了高校学生创新创业,不断从教育方法、课程设置、搭建创新创业平台等方面进行研究。对于"以赛促创"人才培养模式的相关研究却较少。

基于工作室模式的"以赛促创",旨在通过发挥工作室的创智孵化功能,力推师生同创的创新创业大赛,并将优秀项目引入大学生创新创业园进行孵化,在"专业推动创业、创业带动就业"的理念下,将专业实践平台、企业育人平台和创业孵化平台三者深度融合。这种以工作室为载体的探索和实践,符合应用型创新创业人才的培养目标,推进了专业建设、课程建设及创业人才、企业储备人才的培养。笔者以青岛黄海学院为例,分析探讨了如何通过组织高校学生参加"挑战杯""互联网+"大赛、各项各类专业技能创新大赛、"学创杯"创新创业大赛、黄炎培职业教育创新创业大赛、创新创业训练项目、大学生科技创新大赛等,进一步将成果高效转化,进而全面提升学生素质,尤其是创新创业能力,以寻求真正能够实现创新创业人才培育的有效途径和最佳方案。

笔者研究发现,很多高校在组织学生参加各类大赛时,往往更为注重功利,看重的大多是比赛的名次,看重"冠军""金奖""一等奖"等荣誉,而不那么注重比赛成果的深度转化,从而造成了严重的成果浪费。由此,针对这种大赛成果严重浪费的情况,笔者提出通过工作室的实体形式,在大赛成果培育、相关成果转化等方面不断地优化管理和拓宽思路;不断完善组织管理,加强实践训练,保证培养出具有实践精神和实践能力的大学生"双创"人才,并实现项目的落地;不断开创经营实体和创造经济价值,最终解决大学生的就业问题,创造社会价值。

20.3 "以赛促创"重点研究内容

竞赛的组织,是依照人们自身的实际需要、获得成功的需要而激发出那种奋发努力、力求上进的动力和热情的有效手段。它有助于提高工作效率,是克服困难、完成任务的强烈诱因。学科竞赛是我国高校教育教学改革的重要手段,是对教育教学质量的有力促进,是创新型人才培养的有效载体。在实践过程中,青岛黄海学院构建了以各类专业技能竞赛、创新创业大赛为主要内容的学科竞赛体系,为"以赛促创"打下了良好的基础。

"以赛促创"的思路,主要是基于高校大学生参加各类技能大赛和创新创业大赛的实践意义,进一步探究如何组织其参加各类学科竞赛和创新创业大赛,如何将各类专业技能大赛及创新创业大赛取得的成果转化为创业项目,不断地开创实体,提高经济效益并有力地促进就业。

此一研究的重点内容有:以青岛黄海学院诸多创客工作室的建设及运营状况为例,在组织学生参加专业技能大赛和创新创业大赛方面,特别是"互联网+"大学生创新创业大赛、"国创计划"项目、"学创杯"创新创业大赛、黄炎培职业教育创新创业大赛等,围绕着大赛发动、大赛培训、大赛服务和指导等各个方面,给予学生最为有效的支持与帮助;在大赛取得优异的成绩之后,研究如何更好地进行师生互助合作,深入探究并精研创意,以建立良好的体制、机制,将更为优秀的项目引入大学生创新创业园加以孵化,提供免费场地,安排校内指导教师进行指导,邀请校外企业专家进行指导和培养。与此同时,学校也为解决创业项目资金短缺等问题,全面地提供政策支持,通过邀请校外企业家到校、组织项目路演、鼓励校外企业参投创业项目等方式,最终实现项目落地。

20.4 "以赛促创"可实现的预期

基于对"以赛促创"的全面理解,现就所取得的成果、目前存在的问题和预计实现的突破作出说明。

20.4.1 已经取得的成果

以青岛黄海学院为例,学校近几年大力组织在校学生参加各类创新创业大赛及专业技能大赛,成绩突出。在 2019 年,学校获得了山东省"学创杯"特等奖和"互联网+"大学生创新创业大赛铜奖 4 项。其他的专业技能大赛也获奖颇丰,如全国大学生电子设计竞赛山东省一等奖 5 项,二等奖 5 项;全国高校商业精英挑战赛国际贸易竞赛一等奖;第三届山东省大学生智能控制大赛省级一等奖 5 项,二等奖 10 项,三等奖 10 项;"临工杯"第十六届山东省大学生机电产品创新设计竞赛一等奖 4 项,二等奖 16 项,三等奖 14 项。

20.4.2 目前存在的问题

在大赛获得优异成绩的同时,也不可避免地产生了一些问题,甚至出现了严重的资源浪费问题,使大赛的成果转化没有做到位,而不能真正投入创业实践中去;参赛的学生仅仅是停留在了大赛本身,而学校的教师也无意将项目成果再进行深度转化。因而,如何避免这种资源浪费现象,如何有效地组织大赛,找到一条合理的以赛促创、创新创业人才培养的路径,就成为人们在研究过程中极其需要突破的重点和难点。

20.4.3 预期实现的突破

笔者基于实地考察和深入分析,以青岛黄海学院为例,得出了一定的总结性认识,即对各类技能大赛、创新创业大赛,要探索、研究出一条"以赛促创"大学生创新创业人才培养路径,并在遵循该实践路径的基础上,有效地激发学生的创新创业热情,形成"人人勇于创新、人人敢于创新"的良好校园氛围,让其在师生同创的工作室中熔炼知识、孵化项目并提升技能,最终顺利实现大赛成果的高效转化,真正让项目落地,创立经营实体,不仅能够保证创业实践的可持续发展,也会创造出更多的经济价值。

20.5 "以赛促创"实践功效和未来发展前景

"以赛促创"是协同育人理念和实践教育思维的升级版,在播撒创意、生发潜能、塑造人才和满足需求等多方面发挥了实践功效,有良好的适用空间和发展前景。

20.5.1 播撒创意萌生的种子

创新创业是人类文明进步的不熄引擎,是植根于每个人心中具有顽强生命力的种子。要实现推动式的发展,不仅需要解放社会生产力,更要解放社会创造力。工作室不是禁锢创新意识、创造能力的牢笼,"以赛促创"能够激发高校大学生创新创业的热情,有助于他们提高自身的综合能力,并不断在整体上促进社会的创新发展。

20.5.2 生发出创新、创造的潜能

从发展阶段来看,现在我国经济发展进入了新常态,传统增长动力在减弱,资源环境约束在加剧,要素成本也越来越高,因而必须要走转变发展方式、提质增效升级之路。我们要在世界新技术革命和产业变革的新格局中占据主动,必须得靠创新。虽然全球资源有限,但人的潜力是无穷的,这便是更大范围、更高水平上的"大众创业、万众创新"。

20.5.3 以新的形式储备创新创业人才

从时代趋势来看,中华大地正在兴起新的创新创业热潮,出现了以90后大学生为主体的年轻创业者、大企业高管,以及以连续创业者、科技人员创业者、留学归国创业者为代表的创业队伍。可以说,当今世界草根创新、蓝领创新、创客、众创空间等新的形式层出不穷,而"以赛促创"可以高效能地为创新创业实践储备大量的人才。

20.5.4 成果可满足人们的多样化需求

从客观条件来看,人们的消费需求具有多层次、多样化特点,创新创业成果可以更多地解决日常生产生活难题,形成新产业新业态的产品,并提供良好的相关服务。通过"以赛促创"聚集的创新创业成果,会反馈到人们的日常生活中去,不断满足其多样化需求。

实践早已证明了这一点,在资源得不到充分利用、成果不能够高效转化的情况下,"以赛促教、以赛促学、以赛促创"日益成为高校培养应用型创新创业人才的得力途径,而工作室模式下高校"以赛促创"创新创业人才培养路径探索,无疑为学生的创新意识增强、创造能力提高和创意模式深化等实践活动提供了一剂良方。

第 21 章

基于工作室的跨境电商人才培养评价体系研究

　　随着数字经济时代的到来,我国经济增长步入了新常态。在互联网的冲击下,传统进出口贸易趋于疲软,而跨境电商等新业态却逆势增长,并且在国家相关政策的助推下迅速发展成为我国对外贸易的重要力量。艾媒咨询数据显示,中国跨境电商交易规模增长迅速,预计在 2020 年达到 12.7万亿元。高速增长的市场规模带来了新型企业的兴起以及传统企业的转型,造成跨境电商人才的缺口。学校在进行人才培养的过程中,对跨境电商人才的培养有别于其他专业,一方面跨境电商人才培养尚未形成较为完备的知识体系,另外一方面该专业对学生的实践技能要求较高,而且需要学生具备相对较高的综合素质水平。"院园合一"机制下基于工作室的跨境电商人才培养,探索出了一条新的人才培养道路,但是与之匹配的人才培养评价体系亦需要随之升级。

21.1 "院园合一"机制下基于工作室的跨境电商人才培养的特点

　　"院园合一"实施专业学院与专业产业园的合一,采取师生共营、师生共创、学生自主创业等多种工作室制的形式,对学生实施专业化培养。工作室制的人才培养,打通了学生所学理论转化为技能的通道,对于跨境电商人才培养而言,尤其适合。

21.1.1　有效的教学补充

基于工作室的跨境电商人才培养,将工作室作为人才培养的载体之一。学校通过将企业项目导入模块化课程体系,有助于学生在传统课堂上学习理论知识,在工作室完成项目的实训操作,强化了项目驱动式实践教学功能,使之成为课堂理论教学的有效补充。

21.1.2　突破原有实训的界限

基于工作室的跨境电商人才培养,强调真实项目的运营,突破了原有人才培训的实训体系界限;通过工作室运营项目的实践和锻炼,延伸了学生实训体系,使得原有模拟实训丰富为"模拟 + 实践"的闭环实训体系。

21.1.3　激发了学生的创业动力

工作室的形式,可以是师生共营,可以是师生同创,也可以是学生独立创业。但是,教师力量的介入,极大拓展了工作室的资源获取渠道,避免了项目运营过程中出现的错误,提高了运营项目的成功率,进一步激发了学生的创业激情和动力。

21.2　传统人才培养评价体系的障碍

跨境电商为新兴行业。目前各院校开设此方向,多依托电子商务、国际经济与贸易、国际商务等相关专业,在评价过程中,多遵循传统的人才培养评价体系,存在诸多不足。

21.2.1　侧重理论的评价方式

传统的高等教育人才培养评价以理论考核为主,即便是应用型人才培养的过程也多以理论考核为主,对于学生实践应用水平以及综合素质方面的考核相对不足。这是因为人才培养评价受制于多年教育理念的沿袭,人才培养多定位于学术科研型。虽然有部分高校开始转型为应用型人才培养,但是主体架构仍未进行全面改革,尤其是评价体系沿用以前的理论化考评体系,忽视了学生实践性和应用性。此外,理论化考核形式更容易被学生、教师所接受,他们重视结果考核,可以形成目标导向,但往往疏于对过程的监控,考核结果差强人意。

21.2.2 单一化的评价指标

目前,高等教育人才培养评价指标较为单一,集中于对学生理论知识(包括通识教育和专业教育)的掌握情况。虽然部分院校实施改革,将第二课堂、综合素质测评分等部分纳入考核,但是所占权重较低,不能达到应有的考核效果。而数字经济时代对人才的需求已经发生较大的改变,学生的理论水平是基本的需求标准,学生的技能水平、职业素养以及人格特征等也都成为用人单位综合考量的指标。

21.2.3 动态性、过程性考核评价不足

当前对高等教育人才培养的评价更多局限在终结式评价,即以学生有关课程的期末考试成绩作为评价学生的主要组成部分。对于非智力学习因素,如学习能力、道德素质、思想品德,通常也是通过划分等级,如"高""中""低"进行判定。终结式评价无法体现学生的成长性,对于学生的成长和进步缺乏公平的评判,无法动态关注学生的成长和发展。目前,有部分院校开始实施大力度改革,通过加大过程性考核比例等方式,提高对学生学习过程的动态监控,但效果明显不足,而且往往流于形式。学生的到课率、作业上交率等有一定的提升,但其技能水平和整体素质未能有大的提升。

21.2.4 缺乏有效的第三方评价

现代高等教育在不断改革发展中,人才评价体系也在不断发展中,评价主体也逐渐呈现出由企业、行业等多种社会因素参与的多元化现象。但是在实际执行过程中,外部社会因素的实际参与度低、把控难、操作不便等多种因素,使得自身一直处于边缘的从属地位。应用型本科院校的人才输出更多地面向企业、行业等实际工作岗位需求,外部社会的评价更具实际意义。

21.3 基于工作室的跨境电商人才培养评价体系构建思路

基于工作室的跨境电商人才培养过程,打破了原有常态化培养思路。学生以学员和员工的双重身份学习,二者的界限极其模糊,因此,在对其进行评价过程中,需要突破原有评价体系的限制。

21.3.1 多元化的评价方式,侧重应用型人才培养

工作室制下的人才培养,其对象是学生,参与的主体仍然是学校和教师。但是,学生和教师的身份有所改变,在教师参与下的工作室运行过程中,教师可以从多角度对学生展开全面评价。因此,在对人才培养评价过程中,有必要实施多元化的评价方式。可以从以下两个方面入手。

一要适当加大过程性考核比例,突出对学生学习过程、应用过程的考核,强调学生应用水平的获得与提升。对于部分专业课程,要将学生工作室的表现和业绩纳入过程性考核,根据实际情况赋予一定的权重比例,实现考核内容的多元化。

二要增加学生互评等形式。工作室的运行主体将仍然是学生。学生在工作室中的工作时长和团队磨合,一定程度上影响其工作业绩的优劣,进而影响其整体评价成绩。增加学生互评,一方面可以更加清晰地对学生展开评价,另一方面也可以促使学生提高团队协作能力,提高其综合素质。

21.3.2 双维度多层次评价指标

应用型人才培养评价指标可以分为两大维度:一是德、智、体、美、劳全面发展;二是反映高等教育综合性和创新性,主要表现为一个应用型本科毕业生要具有全球视野、责任担当、探索创新、精英素养等方面的能力,具体表现在通识教育、职业能力、实践能力、创新能力、责任担当五个层面,通过课程矩阵实现。

具体评价指标的设定应结合跨境电商和工作室的特点,围绕培养应用型人才展开。通识教育可以包括基本理论、专业前沿、人际沟通和交往等;职业能力可以包括专业前沿、专业实践内容、职业综合素养等;实践能力可以包括专业理论应用能力、专业操作能力、团队协作能力等;创新能力可以包括创新意识、创新思维、终身学习能力等;责任担当可以包括职业担当、团队协作、社会责任感等。

21.3.3 加强动态性、过程性考核

对于人才培养的评价,需要全方位综合性地评价。人才培养设定了双维度多层次评价指标,仅凭单一的终结性考核,难以实现有效考核目标。而且工作室的运行机制有别于课堂,有别于企业,因此推行常态化监测、加强

过程性考核、实施动态评价极为重要。在实施过程中,工作室可以通过拆分任务指标,实现动态的过程性监控。首先,拆分工作室的项目,将项目拆分成单元,对应不同的课程内容,每个单元既相互独立,又密切联系。其次,拆分的单元设立任务导向,驱动学生在课程和工作室中完成任务,并对学生实施考核。最后,汇总每个单元的评价结果,根据不同任务单元的特点,赋予不同的权重,实现对学生动态的过程性考核。

21.3.4 引入第三方评价

在基于工作室的跨境电商人才培养体系中,工作室的运行主体仍然是学生和教师,但运行的项目是企业真实项目,依托的载体是跨境电商平台。在实施评价过程中,需要对学生"企业员工"的身份进行评价。一方面,将企业项目与课程体系结合,明确归属的评价指标内容,从企业的角度出发,对学生进行评价,或者借助合作企业的力量,在项目结束时或者完成特定阶段时展开评价。另一方面,因跨境电商行业的特性,其运营载体为跨境电商平台,可以依托不同跨境电商平台的运转规则以及项目的运营效果等,对学生个体或团队进行较为客观的评价。

总而言之,在基于工作室的跨境电商人才培养过程中,应该突出应用型人才培养目标,不断强化项目驱动和任务驱动,且要重视综合应用能力的多元化评价。因此,在评价过程中,需要构建起双维度、多层次的评价指标,善于发现并注重学生综合能力的提升过程,以通过第三方评价的引入,鼓励学生以企业员工的标准去衡量自己并获得持续发展,最终提升跨境电商人才培养的整体质量。

下篇

"院园合一"机制下跨境电商工作室制人才培养典型案例

第 22 章

"0 到 1" 创客工作室典型案例

"0 到 1" 创客工作室创建于 2018 年 9 月。该工作室秉承"开放创新、探究体验"的创客理念,从零开始,携手企业,以师生同创的模式,理实结合地探索产教发展的融合之路。该工作室以跨境电商业务为主,经营以真皮手包为主的潮流箱包以及以魔芋海绵为主的个人护理系列。该工作室在校企协同理念的支持下,现主要与青岛成昌因特皮包有限公司、青岛贵全贸易有限公司进行校企项目的合作,并负责两个公司在阿里巴巴国际站的部分海外业务。

22.1 工作室中人员的梯队建设

"0 到 1" 创客工作室实行教师引领、学生执行、师生共同负责的项目化团队建设模式。该工作室在青岛黄海学院创新创业教育学院的支持下,将数字经济创新创业园作为长期办公场所和校企合作项目实施地点。

根据学生的学习周期,该工作室团队成员的建设实行不同年级学生的梯队引入,通过以老带新的形式,保证工作室人员的常态化和项目执行的连贯性。通常在大一学生入学之时,工作室会采取纳新的形式,通过向新生宣讲工作室的理念和运行机制以及工作室的项目具体实施过程,选择有兴趣、能吃苦耐劳的学生进入工作室进行见习。见习期间学生可以对工作室的内容和项目作进一步的了解,同时项目团队也可以对新成员进一步考察,看其是否适合工作室项目的运营和发展。每年工作室会通过两个月的双向考察,纳入两到三名学生作为团队新鲜血液。纳入的新成员将由大四的学长们带领,通过半个学期的时间,学习跨境电商业务的基本方法,以满足基本业务操作的需要,而在基本操作基础上的个人操作技巧,则需要在长期的实践操作过程中加以总结。

22.2 工作室人员的学科交叉建设

一个团队的建设需要多重思维和各类人员。在"0到1"创客工作室的人员队伍建设过程中,工作室纳入了不同专业的人员,满足了工作室多元化建设的需要,完成了跨境店铺的建设。"0到1"创客工作室由电子商务专业的学生负责图片的处理、网站维护等相关工作,由国际商务、国际贸易专业的学生负责邮件的撰写以及与国外客户的洽谈,由市场营销专业的学生负责店铺的促销活动,由物流专业的学生负责产品的发货以及产品库存的管理和物流信息的跟踪。团队成员结合自己的专业进行相关业务内容的实践。同时,由于大家各自专业不同,对于问题的思考角度自然也会有所不同,这就更容易进行思维碰撞,擦出创新的火花。工作室经营一年的实践证明,这种交叉学科的结合是适合工作室发展的,且在店铺的促销活动中更容易萌生出新颖想法。店铺几次结合节日的促销活动都收到了意想不到的效果。

22.3 "0到1"创客工作室的运营管理

"0到1"创客工作室经过了三个项目探索阶段,以企业化的运营管理形式、学徒制团队合作形式和常态化的业务学习形式,树立了典型,发挥了优势,并带动了全面发展。

22.3.1 师生同创工作室的项目探索阶段

第一阶段:橡胶产品尝试的失败。师生同创工作室的这种形式一经推出,便受到了企业的欢迎,不少企业向工作室投来了橄榄枝,希望进行长期的合作,希望工作室可以经营他们的产品。在开始的时候,工作室选择了一家由学校前几年毕业的学生所创办的贸易公司自产的橡胶产品。选择这家企业也是基于某些原因的:一是因为大家有共同的学习背景,沟通交流起来比较方便;二是给学生一个正向的引导,既然学长经过自己的努力都成为老板了,大家的潜力也是无限的,暗示学长的今天就是他们努力后的明天,给大家一个精神上前进的动力。在这一前提下,学生开始的动力很足,也很努力,但就是没有好的效果。有的同学挫败感强烈,但经过和在职外贸人员的几番沟通、了解之后,发现这是一个长线产品,对人员的耐力是一个极大的考验。工作室的创建目的,就是锻炼学生的实践能力,培养学生的职业素养,让学生掌握外贸实践的流程并熟悉相应的操作细节。不过,在产品不出单的情况下,后面的相关操作都无法进行。基于上述原因,通过工作室全体人员的协商,工作室作出了一个大胆的决定——放弃该项目,并重新选择一个短线的项目进行操作。

第二阶段:高质量产品难以找到突破口。在橡胶产品尝试失败后,工作室总结了经验,选择价格不高的箱包产品进行销售。通过工厂的实地考察,发现该工厂生产箱包有20多年的经验,且为CK、阿玛尼等一些大品牌进行过加工生产,质量有保证,相对于那些大品牌价格也不高。经过团队成员的协商,工作室开始做这家企业的产品。大家前期对产品进行了学习,在国际站上开始推广该产品,寻找客户并给客户发邮件。这次不再是石沉大海,相对于上次邮寄,客户邮件的回复率还是比较高的。但谈了一段时间之后,成交客户却不多。客户普遍反映产品的质量好是好,但就是价格太高。经过与工厂的讨论,工作室了解到这是因为南方地区箱包都是通过机械化生产,成本低,工作室选择的这家工厂无法达到客户对成本的要求。经过在阿里巴巴国际站上对相关产品的成本对比分析发现,该工厂的产品价格偏高,且没有自己的品牌,处于产品创建品牌和开发的初期。结合学生的学习周期和工作室锻炼学生实践能力的目的,工作室仍然觉得这个产品不适合经营,于是最终放弃了这个项目。

第三阶段:快消品类产品在工作室中受到欢迎。通过前期的经营实践,工作室积累了一些产品运营和推广方面的经验,同时在选品方面也有了新的认识。这次工作室选择的产品是快消品魔芋海绵。该产品有以下两个特点。一是使用周期短,更换频率高。一个魔芋海绵的使用周期大概是一个月,大部分消费者都需要一个月更换一次。二是价格相对低廉。魔芋海绵是洗脸的附属品,可以代替卸妆油使用。魔芋海绵的价格是卸妆油的十分之一,且魔芋海绵是一种纯植物的产品,比卸妆油更加安全,没有任何副作用。基于上述特点,魔芋海绵的市场比较广阔,更容易被消费者接受。综上所述,魔芋海绵类快消品相比前面的橡胶产品、高质量皮包在开发新客户方面要更容易一些,且产品之间的差异比较小,客户的忠诚度要弱一些,客户比较容易受到产品的促销活动以及款式的影响而产生合作需求。

2019年3月,工作室开始接手青岛贵全贸易有限公司魔芋海绵类快消品的项目运作。前期客户的开发、产品的上传和新媒体的推广等几项活动同时进行。经过一个月的开发,第二个月工作室就接到客户的几项询盘。拿到客户的询盘之后,工作室成员对询盘进行了分析。询盘分析是工作室成员之间一个很好的学习机会,便采用了全员发言、教师总结概括的形式。通过大家的共同努力,询盘存在的风险以及客户的意图分析得就差不多了。工作室把客户分为不同的级别,级别不同采取的追踪策略也不同。通过一系列有针对性的跟踪及与客户的洽谈,3个月后,工作室第一批5000件魔芋海绵成功出单。

22.3.2 工作室的运营管理形式

"0到1"创客工作室采用企业化的管理形式,将工作室作为企业工作的办公室,树立企业文化,使学生进入工作室就和进入企业工作的状态一样,同时对学生也采用企业员工的考核方式,对成绩突出者进行精神和物质方面的奖励。工作室也采用企业的"日总结、周汇报"的方式,每周一对上周的客户开发、客户跟踪情况进行汇报,对存在的问题进行协商解决,具体操作如下。

22.3.2.1 "学徒制"的团队合作模式

以一个学年为学习周期,在本周期内业务量大、能够独立应对外贸业务的学员,可以采取学徒制的形式,师傅和徒弟的订单挂钩。对于在短周期内出单的徒弟,给予师傅一定比例的提成奖励。通过营建这种师徒的利益共同体,不仅可以增进师徒之间的亲密关系,也会促使师傅尽心尽力地去教徒弟,短期内成效就会比较明显。

22.3.2.2 业务学习常态化

社会在不断进步,人们需求的产品和样式也在不断变化,产品的供给者只有不断地了解、学习新的知识,才能更好地满足客户的需求。为适应消费者的需求,保证跨境知识的连贯性和外贸业务的常态化开展,工作室成员每周四下午进行外贸业务的学习。学习包括两块内容。一是讲授最新的业务形态、业务形式,带学生去工厂参观产品的生产过程,让学生对产品有一个直观的认识,还给学生创造实际业务见习机会,带学生去海关、物流园区、港口进行参观,让学生明白产品的实际装卸过程以及不同配载方法所装货物的数量,以便于学生在跟客户沟通的过程中遇到诸如此类的问题,能够给客户一个专业的回答,增加产品成交的机会。二是对外贸业务操作中遇到的问题,大家头脑风暴式地想办法,不仅可以发挥人多力量大的优势,给遇到的问题一个极好的解决方法,同时也有利于增加学员之间的感情,形成一个相互帮助的工作氛围。

22.3.2.3　树典型、创示范、带全面

每个人都有不服输的精神,每个人都容易受周围环境的影响。在每一批新进的学员中,工作室选取潜质比较好的进行重点培养,帮助他们在短时间内做出成绩,给其他同学树立信心,让其他同学在此感召下更加努力和勤奋,激发其他同学不服输的精神,在整个工作室中形成一种奋发向上的氛围。通过这种方式,工作室以点带面地提高了整个团队进行跨境业务的热情。

22.3.2.4　发挥学生优势,利用好新媒体

学生属于新生代,追赶着时代潮流的发展方向,对新鲜事物充满了好奇和渴望,内心有一种敢于尝试的冲动。我们可以充分地利用学生的这种好奇心和冲动劲儿,让他们去挖掘一些新的方法,或许会收到不错的效果。我们一定要敢于给学生更多尝试的机会,让他们去试错并在试错中成长,这是培养学生的一种形式,毕竟我们工作室的主要目的是育人。例如,在学生的尝试方面,我们可以让学生拿着我们的美妆产品去拍抖音和做直播,这样既对产品作了推广,也满足了学生的各种好奇心。学生做这些事情的积极性,要比每天让他们去给客户发邮件高很多,效果也会好很多。让学生在娱乐中做业务,没有工作的疲惫,却有娱乐的享受,真是一举两得的事情。

22.4　存在的问题及对未来的展望

对创客工作室本身存在的问题加以分析,并基于实际情况对未来进行展望,有利于其自身功能的高效发挥。

22.4.1　工作室运营中存在的问题

问题导向在工作室建设过程中发挥了极其重要的作用,解决问题的关键在于找到问题之所在和适用的解决方法。

22.4.1.1 学生的工作时间得不到保证且缺乏耐力

大学生的年龄在20岁左右。这个阶段的学生有激情、有创造性，但做事情缺乏恒心和耐力，所以大部分学生刚进工作室时激情高涨、信心满满，经过一段时间的沉淀，尤其是工作内容常态化之后，激情便会渐渐减退。在经过一两个月没有找到客户，或者是说做的详情页没有被企业相中后，就会开始打退堂鼓了，觉得自己没这个能力，对自己失去了信心。岂不知他们前一段时间开发的客户正在考察他们的诚意，也就是离成功只有一步之遥。要想做好外贸业务，就需要长久的坚持。在信息时代大家通过网络进行交易，信任是最难建立的，业务做得好的都是长久坚持下来的对象。所以从这一点上更加印证了以增强学生实训能力为主要目的的工作室更适合做2C业务，2B业务对工作室来说更加艰难。因为2C金额小、周期短、产品差异小、顾客忠诚度低，对新手来说更容易出单，一旦出单学生的成就感、士气就容易被鼓舞起来，学生就有信心了，就更容易继续做下去，自然也就会形成一种良性循环。相反，如果学生长期没有业务进展，他们就会开始怀疑自己的能力，怀疑自己是不是适合这一行，再加之耐力不强，这样下去就会形成一种恶性循环。

22.4.1.2 教师对工作室投入的时间没有保障

教师在工作室中开展的实践教学，完全是利用自己工作之外的时间，学校没有给予任何的补贴。教师在完成自己工作量的前提下，利用所剩时间开展工作室业务就十分紧迫了。经常是原来安排这个时间要给学生讲跨境业务的知识点，学校又突然安排了其他培训，还要进行相应的考核，从而导致了一些业务根本无法进行，而只能交给学生自己去琢磨，长期下去便会严重影响工作室工作的正常进行。

22.4.1.3 企业对工作室的投资没有持续性

许多企业对工作室的这种形式表示赞同，也希望进行合作，但在对工作室的扶持方面，难以拿出得力人员进行长期的培训。工作室寄希望于教师给学生进行培训，教师又苦于时间和实践经验等方面的局限性，很难做到像企业员工那样投入。

22.4.2 对工作室这种教学实践形式的展望

师生同创工作室作为学校实践教学形式的有效补充，尤其对于商科专业实践教学一直存在落地难的实际情况,无疑是一种非常好的形式,也符合教育部规定的提高教育教学质量、增强学生实践技能的要求,是在"互联网+"背景下正确且符合实际的教学尝试。经过实际的调查可知,工作室的这种真实项目的实践教学形式也得到了企业、学生和教师的认可。

总体上来看,尽管在尝试的过程中出现了一些问题,但这些问题都不是实质性的,而是可以通过各方的协商加以解决的。当然,这些问题的解决需要一个过程,在这个过程中也许还会出现更多、更新的问题,但都不影响工作室这种实践教学形式的推广。按照当前国家对小微企业的支持和小微企业对我国经济的贡献以及小微企业的发展趋势,师生同创的工作室将作为服务于实践教学的特殊形式的小微企业,在全国各地的应用型院校中进行推广,以解决高等院校实践教学无法落地或者是停留在虚拟仿真阶段的困境。这将是高校实践教学改革的一个方向。

第 23 章

努力的女孩儿最幸运——记乐行跨境电商工作室张杭弟

2019 年 8 月 25 日,随着暑假的结束,青岛黄海学院 2016 级国际经济与贸易本科一班的张杭弟同学成了一名即将毕业的大四学生。暑假一个月,她正式入职青岛朗威机械有限公司。她之所以没有毕业就能提前入职自己心仪已久的公司,得益于她加入的乐行跨境电商工作室。回首过去,乐行跨境电商工作室几乎填满了她的生活。工作室的每一天都见证着她的成长,工作室成了她大学中不可或缺的一部分。

23.1 无怨无悔——甘当"外贸人"

如果当时她没有选择加入工作室,现在或许正奋战在考研的前线,又或许是一名口语培训机构的实习讲师,也说不准还会有其他选择。但是,相比于前面的这几种选择,她说她更庆幸选择了乐行跨境电商工作室,成了一名外贸人。

从 2018 年 3 月 12 日加入乐行跨境电商工作室至今,有无数的人问过她赚了多少钱。她的回答只有一个:无价!张杭弟清楚地记得 2015 级的崔世霞学姐当时来找她,说国贸教研室要和青岛朗威机械有限公司一起成立一个做外贸的工作室,希望英语基础好并有着很好的时间管理能力的同学加入,需要全身心地投入,要在工作室进行跨境电商平台实操。因为有一颗想要成长的心,当时没有丝毫的犹豫,张杭弟便成了乐行跨境电商工作室第一批员工。做外贸一直都是她想要实现的梦想。她每天早上五点半准时英语晨读，就是在为自己将来所要从事的外贸行业作准备。现在机会来了，她觉得她可以了。

工作室刚起步的那个阶段，每个人都是激情满满。在创客空间西3号房间，几个有干劲的年轻人把自己的小屋布置得无比温馨。除了每天白天的上课时间，课下包括晚上他们几乎都泡在那里。张杭弟带着百分之百的热情完成企业的工作，好像成单就在眼前。为了高质量、高效率地领会企业的培训并完成企业布置的任务，她把吃饭时间与睡觉时间一再压缩，可她依旧快乐着，因为她深信有付出就会有收获！

生活的美妙之处，不就在于充满激情地去做自己热爱的事业吗？她把大量的时间用在了企业阿里巴巴平台上。不知道明天会有哪个国家的客户访问自己发布的产品，也不知道屏幕那方回复自己函件的他到底是个什么样子，因为很多事情是未知的，所以更加有动力。因为有动力，才能钻研进去，掌握技巧和窍门。也因为未知，才觉得非常有意思，因为有意思，才更有兴趣和激情。在大学期间就能进行真正的跨境电商平台操作，就能去接触真实的外国客户，这是张杭弟同学领悟出的跨境电商工作室的价值之所在，所以她更加珍惜这来之不易的机会。

23.2 脚踏实地——校企"齐用力"

对乐行跨境电商工作室的成功组建和运转，青岛朗威机械有限公司也付出了很大的心血，企业领导和员工在时间、精力与金钱上都投入很多。因为工作室的学生来自不同年级，平时上课时间不统一，为了不耽误学生们上课，公司只能抽取周六、周日进行培训。公司肖总经常邀请学生们去企业，让大家感受企业的文化和职场的氛围，培养学生作为企业员工的主人翁感觉。每次培训都会安排不同岗位的优秀业务骨干对学生进行手把手的指导。从下车间讲解产品型号和性能、产品做图、拍摄视频，到寻找产品关键词；从如何发布优质的产品，到阿里巴巴使用的基本规则；从如何引来客户询盘下订单，到RFQ的使用……朗威都毫无保留地传授给工作室的学生。张杭弟同学认真领会并且非常享受公司精心安排的培训内容。所有环节紧紧相扣，对于理论与实操，她比同伴掌握得更快，自信心就这样一点点建立起来了。加入工作室后，享受到企业资源的优越感和充实感，以及其他同学对她投来的羡慕的眼光,让她一次次地坚定了自己做跨境电商的信念,也更加证明了她选择加入乐行跨境电商工作室是明智之举。

工作室的学生普遍反映,几个周末下来甚至比一学期课上学到的跨境电商知识都要多。这就是我们创办跨境电商工作室的初衷啊!工作室打破传统教学,引进企业资源,引导学生一步到位地学习跨境电商实操。对于学生们平时工作日在学校工作室进行业务操作时遇到的各种问题,朗威的员工们在线上都会实时解答。乐行跨境电商工作室团队成员的每一点滴成长,都离不开朗威公司的付出。朗威真正地把工作室的学生们作为自己的员工来培养,不仅传授他们业务技能,还多次邀请他们参加公司的团建活动。公司年会、员工生日聚会、外出培训以及泰州旅游等,让每一位成员都真切地感受到了企业文化的力量。周末,肖总精心安排的点心、水果,也让学生们非常感动,所以工作起来更加有力量。张杭弟说,肖总除了带给大家在学校学不到的更为前沿和实用的外贸知识外,他的工作心态、热情、执着等,也深深感染着大家。那时,她就暗下决心,一定要好好表现,争取就职于朗威。

外贸这个行业非常具有挑战性。这个行业没有一成不变的窍门和技巧,很多非本专业的人也可以在这个行业干得很出色。但是,凡是做得好的外贸人都有他们的共性,那就是坚持和踏实。张杭弟很幸运,她在学生阶段就可以提早认识到这一客观事实。工作室主管齐老师经常告诉她要脚踏实地,时间和结果不会欺骗人,人能否成功就看他是否能够坚持下去。她一直坚持着。

23.3　协同共育——创出"好业绩"

乐行跨境电商工作室的学生是一群敢拼敢干、不甘于现状的热血青年。齐老师鼓励大家把在企业中学到的外贸知识和技能运用到学科竞赛中。工作室2018年3月份成立,紧接着就迎来5月份的全国高校国贸大赛、后来的跨境电商创新创业大赛以及11月份的PBIC大赛。张杭弟凭着扎实的专业知识、较高的外语水平和管理能力,兼任了各项大赛的带头人。一个接一个的比赛占用了大部分在工作室的时间,但是外贸业务她一刻也没有落下。在取得一项又一项竞赛奖项的同时,她利用一切可利用的时间更新平台产品,回复客户询盘……

张杭弟是一个非常懂得感恩的好学生、好员工。前期团队没有出业绩，大家起初的新鲜感便慢慢褪去，跨境电商业务处于瓶颈期，有些同学干劲不足，个别同学甚至想要退出、放弃。张杭弟经常这样对团队讲："想想我们走到一起的初衷，想想齐老师创立这个工作室的艰辛，想想朗威对我们前期培训花费的心血和精力。我们自己得到了成长，我们也决不能辜负齐老师的期望，不能埋没企业花时间、花心思的栽培，更不能辜负学校提供如此优越环境的良苦用心。"

为了带好这个团队，张杭弟除了在教室上课和在宿舍睡觉的时间，其他所有的时间都耗在了工作室。累了她就会站在阳台上眺望远方的山与海，想想自己从遥远偏僻的甘肃乡镇来到繁华都市青岛的原因，想想自己填报国际经济与贸易志愿的初衷。放弃不难，但坚持一定"很酷"。冬天的工作室暖气基本不热，张杭弟带领大家聚在一起，共同研究一份报价或者回函，共同设计一个精美的海报，即使冻得瑟瑟发抖，也是快乐和充实的。为了有能力接待自己的客户，张杭弟每天早晨五点半准时到工作室阳台练习口语，迎着朝阳，大声地朗读，朗读着自己的青春和激情。

坚持是一个人获得的最可贵的能力。就像张杭弟苦练英语一样，所付出的努力是不能够及时得到收获的，甚至在很长的一段时间内没有任何反馈，但积累到一定的阶段后，忽然爆发出惊人的力量，甚至连自己都不清楚这一切是如何发生的。除了英语，张杭弟还认真学习专业知识，广泛阅读书籍，作好规划。她很清楚自己想要的是什么，从来不浪费宝贵的时间。在别的同学迷恋游戏、花前月下、观赏电影的时间里，张杭弟不仅很好地完成了工作室的各项任务，学好了文化知识，还参加了各项学科竞赛，真是越充实、越快乐。

努力的女孩儿最幸运，但她的幸运好像并没有就此止步。朗威的肖总早就把张杭弟的努力和付出看在眼里，在大三下学期就向她这个对外贸事业充满向往的女孩抛来了橄榄枝，虽然离正式毕业还有一年，却预订张杭弟同学到企业实习！肖总明确地表示，只要张杭弟有时间，随时可以到企业实习，随时都可以成为朗威正式的一员。那天，张杭弟用激动而又哽咽的声音给齐老师打电话，向齐老师汇报了这一好消息。电话那头的齐老师连连说："好，好，太好了！杭弟，你想加入朗威的梦想成真了！"对于老师来说，最开心的事情就是自己培养的学生学有所成，工作室的运营初有成效。肖总的欣赏与认可，是对张杭弟莫大的鼓励，同时也是对乐行跨境电商工作室莫大的激励。

23.4 再接再厉——乐行"在路上"

2019 年的暑假,当有的同学在计划人生中最后一个暑假应该如何挥霍、放松和享受时,张杭弟前往朗威正式报到。在和其他入职的新人一起作自我介绍时,她说:"我是来自青岛黄海学院的大三学生。"在别人震惊的目光里,也流露出了不屑。非常熟悉她的肖总说:"虽然她才大三,但是业务能力或许在你们之上。在我心里张杭弟已经是朗威的老员工了,她很优秀!""其实说实话,每当别人夸我优秀时,我并不是十分坦然,相反我更有一种'德不配位'的压力,我觉得自己需要成长的地方还有很多。"后来,张杭弟这样跟齐老师说。肖总夸她优秀,张杭弟并没有沾沾自喜,相反她有了些许的压力。为了不辜负肖总的前期栽培,也为了让大家对她这个大三学生刮目相看,在公司实习的那段日子里,她更加努力了。

肖总为她接下来的工作亲自作出了详细而又清晰的规划,因为做外贸绝对不是前期盲目地去结交客户,如果前期没有坚实的底子,那么后期即使有了客户也会维护得很辛苦。张杭弟把朗威的每一位员工都当作自己的前辈和老师,认真地向他们学习:积累自己的产品数量、学习阿里平台后台管理、学习 RFQ 系统报价、开发领英客户、开发谷歌客户、ADS 实操等。张杭弟的外语口语水平和通过全国高校国贸大赛、全国外贸大赛历练的扎实谈判能力,在公司中得到了上下一致认可。肖总要最大限度地继续发掘张杭弟同学的外语谈判能力,希望她能在展会谈判和出国洽谈业务方面把自己的才华更好地展现出来。

只要是前辈交给她的工作,她都会高质量地完成,即便花费比别人更多的时间,她也愿意付出,而这份踏实与稳重,就是在乐行跨境电商工作室的每一天修炼所得。公司 2019 年来了四个应届毕业生实习,可以直接上手工作的只有张杭弟一个。事实证明,她真的可以做得很好!公司所在的建国大厦 29 楼,有很多名牌大学毕业或者留学回国的哥哥姐姐。别人可以和国外客户从容对答,张杭弟同学也八九不离十,全英文的培训笔记她也可以和他们一样及时上交,甚至更早。她从未掉队,在乐行跨境电商工作室的日子给了她太多的自信。她信任自己的学习能力,只要肯学,肯努力,事情都能完美地完成。

肖总说,从事外贸这一行,用人单位最看重的并不是你的英语过了几级,你考取了什么证书,而是看重你的认知能力和心态。做外贸很考验人的意志力,因为坐在办公桌前毫无工作意识的时候,时间可能就会在刷手机和愣神的时候流走。很多成功的人都是提前作好工作规划,让自己的时间充分利用。我们要学会约束那个放纵的自己。不仅公司的员工需要这样做,在校的大学生也要这样。如果你可以做到,那么成功的就是你。能够被肖总欣赏和鼓励,能够被自己心仪的企业朗威所认可,是一件非常开心的事。张杭弟被朗威的企业文化深深地影响着,她感受到了莫大的力量。现在的她渴望成功。在跨境电商这块沃土上,她定能开拓出属于自己的疆域。

如果坚定了前进的方向,就不要放弃,要相信,人生没有白走的路,每一步都算数。因为加入了乐行跨境电商工作室,她比较早地接触到真实的企业,并且融入进去。工作室带给她很多成长和历练,同时带给她了优质的就业机会,她深知自己要走的路还很远。

暑假结束,代表着大四的开始,大四上学期还有八周课程要学习。张杭弟揣着朗威发的工资,又回到了教室。在教室里,她比其他学生更加珍惜这最后的课堂时光,认真记笔记,积极思考老师的每个问题,与同学们分享她的企业经历……毕业论文要开始了,张杭弟找到齐老师。没等她开口,齐老师就明白张杭弟的毕业论文选题肯定是她为之付出很多的青岛朗威机械有限公司,肯定是她花费大量精力钻研的跨境电商领域。齐老师和张杭弟都笑了。看到她那洋溢着青春笑容的脸庞,齐老师无比欣慰。

乐行跨境电商工作室是青岛黄海学院基于"院园合一"校企协同育人工作室制摸索建立的第一个跨境电商工作室。从找合作企业、谈合作方案,到现在第一批学员正式入职,张杭弟不仅是朗威公司的希望,更是齐老师的信念与寄托。与其说是朗威为学校培养了好学生,不如说朗威为自己公司培养了好员工,因为肖总在等待着张杭弟的回归。

跨境电商工作室就是要企业参与到学校的人才培养中来,利用企业现成的操作平台代替实验室模拟软件,就是要用企业实操代替教室里的纸上谈兵,利用跨境电商工作室,打造全新的跨境电商应用型"卓越人才"培养模式,建立"教学、实践实训、毕业实习、毕业论文、就业"一条龙模式。"理论和实践兼得,知识和财富共赢"这一理念,在乐行跨境电商工作室得到了很好的体现。乐行跨境电商工作室的运行模式,也为其他工作室的建立提供了借鉴和参考。除了乐行,还有随后成立的启梦和海卓等,也培养出了一大批优秀的学子。"老师,等明年毕业论文答辩完,我想以朗威正式员工的身份带学弟、学妹,让我们的乐行跨境电商工作室延续下去!"齐老师听了这话既欣慰,又感动……

第 24 章

元锦文化工作室纪实

　　元锦文化工作室的成员来自不同地区,其中有思维敏捷的策划者,也有能说会道的演讲者,更有高瞻远瞩的领导者。为了追逐梦想,大家相聚在一起。元锦文化工作室以实力为盾,以自信为矛,以团结为勇气,组成了激情无畏的团体。每个人都勇于挑战自我,敢于超越自我,坚信成功靠朋友,成长靠对手,成就靠团队,只有坚持到最后,才有资格扬帆起航!

24.1　元锦文化工作室成立的初衷

　　我们之所以成立这个团队,是因为元锦文化工作室不仅有创业者所具备的素质,更重要的是还有一支具有专业知识、训练有素、凝聚力强的精英团队。

24.1.1　元锦文化工作室团队组成

　　元锦文化工作室负责人刘豪,来自 2017 级电子商务专业,在校期间组织过多次社会实践活动,具有丰富的社会实践经验,并善于与同学们沟通交流,有很强的领导管理能力,团队协作意识强;王静,来自 2017 级经济统计学专业,不仅在校期间理论学习扎实,有较为丰富的社会实践经历,而且具有敏锐的商业头脑,在对市场的预测以及销售技巧上见解独特;崔心旗,来自 2017 级电子商务专业,在校期间参与多次网上运营活动,是一个敢于创新、头脑灵活、思维敏锐、具有独特想法的人才;刘隽巧,来自 2017 级电子商务专业,在校期间多次参加各种专业性比赛,具有良好的思维能力和创作能力。

24.1.2 元锦文化工作室理念

元锦文化工作室不仅是一支有专业知识的团队,而且成员年轻。正是因为有梦想,才敢于拼搏;因为有激情,才会勇往直前。

时光飞逝,繁忙和有序的大二学年悄然过去。元锦文化工作室秉承着"育人过程是一个不断追求新知过程"的理念,以创新创业为目标,在老师的指导下,团结一心,不懈努力,在学校对大学生创业梦想的鼓励与支持下开展了一系列扎实有效的创新创业工作。

24.2 元锦文化工作室实战案例

工作室成员们脚踏实地,充分发挥自己的聪明才智,迎战各类创新创业大赛,在"三创赛""国创赛"和"互联网+"等大赛中取得了一些成绩。现将主要情况汇报如下。

24.2.1 2019年全国高校精英电子商务挑战赛国家三等奖

元锦文化工作室团队不仅获得了2019年全国高校精英电子商务挑战赛省级二等奖、国家三等奖,还获得了全国高校精英挑战赛(展洽会)一等奖。前者是由全国外贸协会所举办的,融合了全国75所院校174支中国团队、在华留学生团队以及海外留学生团队一起进行的比赛,最终元锦文化工作室团队荣幸地获得了国家三等奖。整个比赛过程中,团队成员共同努力,当有谁想到一个好方法时,彼此之间就会立刻分享,而后韩春磊老师根据他多年指导大赛的相关经历,针对大家的想法给予中肯的建议。全队劲往一处使,最终获得了好成绩。

24.2.2 全国大学生科研项目申报成功立项

元锦文化工作室团队经过连续多天的不懈努力,最终将自己的想法通过实体的申报书上报到了省级单位,获得了项目立项。未来有望可以更好地将这个项目研究下去,将想法变为现实,争取完成相关设想。韩春磊老师经常鼓励大家说:"没有做不到的事,只有不想做事的人。"成员们都认可这个理念,所以元锦文化工作室一直坚持不懈地努力,希望可以获得更大的进步。对于这个项目,他们将来想要通过广泛的调查研究,进一步确定相关研究方向,最终采用论文或者专利的方式进行结题。

24.2.3　第八届全国"创意、创新及创未来"大赛山东省三等奖

元锦文化工作室通过不懈努力,顺利完成了相关比赛的全部流程,并将自己的想法与其他参赛方进行了交流,相互合作,最终获得山东省三等奖。团队一开始想要进入社会的热门行业,例如教育、医疗,但最终并没有涉及这些专业,而是进入了相对而言不太容易进入的成熟装修行业。装修行业现代采用装修公司外包的方式或者是自己装修的方式,但是团队却想出来一个好办法,就是采用现代比较流行的 VR 技术与已经成熟的装修行业相结合,创造出自己的产品。接下来团队又在思考这样的问题——要利用什么样的方法才能进一步突出自己的特色。

24.2.4　第五届山东省电子信息应用大赛三等奖

元锦文化工作室对畅想装修系统进一步扩展,将项目的想法进行深化,加深相关的操作,最终利用这个项目完成了第五届山东省电子信息应用大赛。韩春磊老师针对工作室在第八届全国"创意、创新及创未来"大赛中的相关表现,给予了相关的建议。团队开了一个会议,对比赛中的问题和可以改进的地方进行了深刻的反思,对于未来可以改进的地方也作出了相关规划,希望在下一次比赛中不再犯同样的错误。工作室认真总结每一次的经验,为下一次作好准备。整个团队在每一次比赛后都会召开一次内部会议,目的在于总结经验,争取下一次取得更大的胜利。

24.2.5　第四届全国"互联网 +"大赛青岛市二等奖

"互联网 +"大赛是教育部所举办的比赛,涵盖了各个学科,可谓是最全的比赛,也是最具权威、难度较大且很能锻炼人的比赛。团队在为这个大赛准备的过程中从未懈怠,一直积极努力备战。在省级的比赛中,工作室就见识到了各个学校的优秀项目。在与他人项目进行对比的过程中,工作室发现了自己项目中所存在的不足。好多优秀的项目在创新点方面做得很好,在一些项目落地方面也突出了自己的特色,采用了多种方式,真正做到了理论联系实际。这也是值得每一位成员学习的地方。工作室将这个想法与指导教师商量后,决定在项目的选择上要有创新点并且要能够立项,能

够真正做到落地盈利。这是元锦文化工作室未来的发展目标,也是所有人不懈努力的方向。

24.2.6 2019年国家大学生创新创业训练计划立项项目

学校按照"兴趣驱动、自主实践、重在过程"的原则,鼓励学生开展创新创业训练与实践,在项目培育的基础上,组织学生团队申报"国创计划",通过参与项目比赛来提升学生的创新精神、创业意识和创新创业能力。国家大学生创新创业训练计划包括创新训练项目、创业训练项目和创业实践项目三类。此次项目的负责人是刘豪,参与成员有王静、崔心旗,项目指导教师为韩春磊老师。

自2019年3月5日接到学校下发的文件通知后,元锦文化工作室便在比赛前期,根据文件要求,通过指导教师申报了比赛项目并确定好参赛人员。在3月中旬项目申报之后,团队开始进行为期一个月的项目准备工作。成员们从对实验内容的初步理解到项目实施过程中的方案确定,从对项目整体的把握到项目具体创新点的寻找以及项目当中重要的答辩环节,都作了详细的计划和安排。在项目实施过程中,大家需要查找文献资料,领会项目内容,确定项目创新的方向,并弄清楚每一步要干什么和接下来要做什么的问题,以按计划一步步实施。每一个环节都需要进行独立思考。在这个过程中,难免会遇到或大或小的困难,这时候成员们要么求助于指导教师,要么通过查阅文献自行寻找答案。最重要的,还是成员们要有各自独立的思考,然后大家共享自己的心得和体会,这样经过讨论之后自然会得出更为全面的结论。当然,在项目进展中团队也遇到了很多困难,但大家都以积极向上的心态去努力应对。正是这一次次的努力让大家越过了难关,也给每一位成员带来了难忘而美好的回忆。

2019年4月18日,在校级选拔赛上,许多参赛队伍准备得很仓促,没有PPT演示就进行了答辩演讲。元锦文化工作室团队提前作好了准备,把项目策划书、PPT等材料都准备齐全,就连在答辩前几天的晚自习时间,都在工作室内进行排练。因为学校规定要在5分钟之内完成自己的演讲,每次排练大家都控制在4分钟左右。比赛当天,队长刘豪代表团队去参加答辩环节,沉着应对老师们提出的各种问题,使其对团队项目产生浓厚兴趣。团队也听从了评委老师们的建议,以让自己团队的项目更加完美。最终,团队获得了全校第二名的好成绩。4月25日,"国家大学生创新创业训练计划"

项目上报到省教育厅平台,并在 6 月 21 日通过了审批。

工作室是以论文的形式结题的,所以在接下来的工作中,每个团队成员都付出比以往更多的精力来搜集资料和撰写论文。而"国家大学生创新创业训练计划"项目是工作室团队参加的第一个省级项目,这也为大家提供了很好的锻炼机会。在队长刘豪的带领下,团队的每位成员都竭尽全力发挥出自己的最大价值,并在比赛中获得了成长。

24.2.7 第九届全国大学生电子商务"创新、创意及创业"挑战赛省级三等奖

学校鼓励学生开展创新创业训练与实践活动,支持学生们自主创业,且以此为基础,组织学生团队参与由教育部主办的全国大学生电子商务"创新、创意及创业"挑战赛,不断增强、培养和提高大学生的创新意识、创造思维和创业能力,并激发团队协同合作的精神。

在比赛初期,团队负责人刘豪根据学校下发的文件开始着手准备工作,首先是团队成员的选择。在一个合格的团队中,除了配备统领全队的核心人物外,至少还应该配备具有较强技术实力的开发人员和善于撰写文字材料的文职人员。由于参赛选手每人每年只能参加一个题目的竞赛,一个题目最少三个人参加,最多五个人参加,所以本次比赛拟定由包括负责人在内的三人团队参加。工作室经过层层选拔,最终选定由刘豪为负责人、崔心旗和王静为成员组成团队备战此次挑战赛。团队成员确定、网上报名完成后,工作室就开始着手最重要的一项工作,即撰写项目计划书。

该项比赛的重要环节,要求参赛队伍提供详细的项目计划书,其中包括项目背景、市场分析及定位、产品介绍、商务模式、营销策略、财务分析及团队介绍等。对于已经申办公司的团队,项目计划书相当于一份公司运营情况的汇报,通过专家的评审,及时发现问题,及时改进;对于还未申办公司的团队,通过计划书的撰写,能够深入挖掘项目的意义、市场定位等内容,进一步理清创业思路,防止创意流产。计划书要严格按照给定的条款撰写,内容要力求言简意赅。为此,团队开始广泛搜集资料和数据,在校内采访同学,调查他们对项目主题的意见和想法;而在校外,则通过参与社区活动去接触相关人群,调查社会大众对于"智能+医疗"的意见;团队还积极发挥当今网络的便利性,利用网络来获取近年来老年人口的相关数据,并利用微博以及贴吧等社交媒体获取"智能+医疗"的知识。

项目计划书不是单纯数据与资料的罗列,它是资料与数据的有机整合,资料与数据要相辅相成。这比调查更加烦琐,需要将调查到的数据按照计划书的格式写出来,并做到图文并茂。在撰写开始之前,指导教师给团队成员进行了专业的讲解,包括计划书的格式、内容的安排等,之后团队成员便开始了计划书的创作。团队三人组在工作室进行计划书的撰写工作。经过不懈的努力,三位成员在炎热的天气中仅用一个周的时间就完成了这项工作,并及时将计划书上传至网络平台,进行校外专家审核。

等待审核结果的过程是十分煎熬的,因为参与比赛的队伍不止一支,竞争十分激烈,稍不留神就成了别人的垫脚石。经过严格的审核工作后,团队成功地从数十支队伍中突围出来,进入了校赛。

校赛不同于网上评判,需要团队成员上台面对评委答辩,这需要比较好的口才以及充分的赛前准备。大家需要猜测评委可能会问到哪些问题,并要用恰当的语言将自己的答案表达出来,以达到获取较高评分的目的。比赛当天的竞争十分激烈,每个队伍的项目都很有新意,发言人的语言组织能力也不分伯仲。不过,元锦文化工作室团队也有自己的优势,首先在所有团队中是唯一一个做实体项目的,而其他团队基本上是基于电子商务的想法,并没有在现实中加以应用;其次,在答辩之前,整个团队和指导教师进行了多次模拟辩论,充分掌握了答辩的技巧,在答辩过程中行云流水,没有卡壳这类问题的发生。经过残酷的竞争之后,团队获得了校赛第三名的好成绩,并取得了参加省赛的资格。

省赛不同于校赛,省赛是山东省所有高校的优质队伍在同一平台进行比拼,竞争更加激烈残酷,能进入省赛的队伍实力都不容小觑,因此需要更加努力。省赛初评没有答辩环节,只需提交计划书,这对计划书的质量要求更高,工作室需要对计划书作一个深层次的修改,使其更上一层楼,以便在众多作品中脱颖而出。为此,工作室专门去请教了指导教师以及曾经参加过大赛的教师,认真听取了教师们的指导意见,在有限的时间内对计划书进行了优化,并及时上传至审核平台。经过省平台的筛选和评比,团队获得了省赛三等奖。

大赛虽然早已落下帷幕,但成员们分工协作、攻坚克难、激烈角逐的场面,仍让人记忆犹新。从开始选题、招募成员、撰写计划书、开发样机和现场答辩,到最终获得嘉奖,整个团队经历了紧张、忙碌却极其充实的过程。这个过程使得每一位成员开阔了视野,提高了协作精神,也增强了创业信心。

24.2.8 第五届中国"互联网+"大学生创新创业大赛进入省赛

2019 年 6 月 13 日,第五届中国"互联网+"大学生创新创业大赛在浙江正式启动。大赛自 2015 年创办以来,累计有四百九十万名大学生、一百一十九万个团队参赛,覆盖了五十一个国家和地区。此次比赛涉及面广,参赛学生众多,所以学校和教师们都对此次比赛很重视。整个团队也积极响应学校和导师的号召,在第一时间就报名参加了"互联网+"大赛。

据统计,学校共有三百多个项目申报校平台,参赛学生达两千余人,这给团队带来了很大的压力,毕竟在大学中人才辈出,优秀者数不胜数。虽然这次比赛参加的人数多,申报的项目也多,但这并没有打击整个团队的信心,相反,更加激起了团队协同作战的斗志。

在比赛前期,学校组织团队在知新楼一楼东配进行赛前培训,此次培训让大家学会了正规商业计划书的撰写以及 PPT 的制作。通过培训,团队整体能力得到了进一步提升,每个人都有所收获。培训结束后很快就进行了校内选拔。由于申报的项目很多,学校决定让每个学院推选四分之一的项目参加校赛。时间很紧,大家利用整个周末的时间完善商业计划书和 PPT。那几天除了吃饭和睡觉,团队成员们都在工作室加班,就连指导教师也抽出时间来为大家查缺补漏。

青岛黄海学院国际商学院一共有四十多个项目,只选择了其中的八个代表学院参加校赛。很荣幸,团队正是这八支队伍中的一员。经过几天的准备,激烈的校赛终于开始了。参赛人员身着正装,端庄而坐,一言一行都透露出对此次比赛的重视。虽然整个团队只有三人,但麻雀虽小,五脏俱全。每个人都有明确分工。此次的答辩员依然是队长刘豪,他每一次答辩都沉着应对,敬而不惧,面对评委提出的各种问题大都能巧妙应答,充分展现了当代大学生的风采。

最终,团队项目获得了校赛二等奖,同时也被选为上报省平台的十个项目之一。省赛又是一个新高度,这是对整个团队的高层次考验。学校对此次比赛相当重视,聘请了一些校外专家前来指点迷津,为团队补给了能量,也增强了大家获胜的信心。

省平台第一次审核下来时,学校十支队伍一下子被淘汰了五支。幸运的是,工作室团队成功晋级。但比赛终究是残酷的,当第二次审核结果出来时,工作室团队便被淘汰了。虽然没有更上一层楼,但工作室成员并没有丧失信心,而是无悔无怨,毕竟都是步步为营地走出来的。大家思考的是团队项目中那些需要改进的地方,以便在以后的比赛中不断地进步和更好地成长。

与此同时,项目团队与教师一起参与了教学科研项目"基于'双导'思维的自主课堂模式建设研究",在该项目中团队负责模式实施调查任务。这也是团队成员们首次参与教师的研究课题。因为教师的研究课题学术性较强,所以在课题研究期间,团队的每一位成员都在为课题查阅各种资料,经常为了查找一项数据而想尽各种办法。通过参与此次教学科研项目,团队成员们的社会实践能力也得到一定程度的提升。

24.2.9 元锦文化工作室网络店铺

在参加比赛之余,元锦文化工作室还通过网络店铺与学生专业知识等相结合的方式进行网络销售。这是工作室负责教师为学生们提供的专业知识和技能锻炼的平台,主要负责济南倍优生物科技有限公司的元锦系列商品的线上销售。商品包括电子体温计、血糖仪、电子血压计、家庭护理用品、消杀用品等。另外,工作室团队还参与制作剪辑创意型短视频,用于推广工作室产品以及品牌文化。

工作室是通过网络店铺、专业知识和应用软件相结合的方式进行网上销售的,软件主要用于检查和上架商品,专业知识用于运营和推广。近几年来,电子商务发展迅速,一大批电商精英崛起,团队也想借助电子商务的渠道销售自己的产品。现在的人越来越重视自己的生活品质。团队主要经营的是医疗器械和保健用品,种类丰富,适用于大人小孩,覆盖面广,符合消费者的需求。

团队拥有一手货源,可以通过厂家直接发货,相比其他店家具有明显的价格优势。团队甚至可以设置更低的价格,薄利多销。由于是从厂家直接发货,团队拥有比其他店家更快的发货速度,并且有公司在背后给予支持,售后方面更加全面和令人放心——团队卖得放心,消费者买得也放心。

团队成员充分运用了专业知识,对店铺进行网上运营和宣传推广。在经营店铺的这段时间,团队的各位成员从网络店铺的"小白"变成了一个个精通美工、运营和营销等实践技能的网络店铺能手。指导教师帮助团队开设店铺,以亲身经历指导大家接触网上运营的实体操作,并将自己知道的所有知识毫无保留地传授给工作室,不仅是所有人学习上的知识导师,也成为大家生活上的人生导师。

　　简而言之,实践育人工作理应坚持与时俱进,不断开拓创新,它们也是元锦文化工作室加速提升团队品位的重要手段和措施。通过不断关注社会发展趋势,参加各类创新创业比赛,团队成员们大显身手并在多次夺奖中焕发出了更新的活力,这当然是与工作室各位成员之间分工合理、职责明确和配合得当密不可分的。与此同时,在一次次比赛过程中,团队成员们的专业技能更是得到了很大提升,也培养了大家勇于创新、敢于拼搏的精神。工作室坚信,只要有恒心,坚持不懈,努力奋进,就没有什么事情不可以成功。在以后的学习生活中,元锦文化工作室团队将不忘初心,继续团结一致,砥砺前行!

第 25 章

童装工作室人才培养典型案例

在国家大力发展职业教育、提升高等教育实践教学的质量并推进教育教学改革的背景下,青岛黄海学院国际商学院结合学生实际,实行工学结合、教学合作,积极开展理论与实践一体化的课程改革,在工作室制人才培养模式创立建设、技术技能课程体系构建、教学组织与实施、教学考核评价等方面进行了教学改革,取得了良好效果。

25.1 工作室初创时期工作

为了使专业技能能够学以致用,也为了缓解不断加剧的就业压力,学生决定自食其力、自主创业。教师在教学的过程中也发现真正的创业实践始于创业意识萌发之时,认为创业实践是掌握创业知识的最好途径。在学院领导的关怀支持下,以互联网童装销售业务为主的创业团队于 2016 年 10 月成立了。

成立创业团队的初期,教师带领着学生进行了大量的调研。调研发现,随着我国居民消费能力的不断提高以及家庭儿童数量的增加,婴童用品市场得到了较快的发展,除了婴幼儿奶粉等儿童日常食用产品,婴童服饰市场也得到了前所未有的发展。目前,国内 0 ~ 16 岁的少年儿童人口超过 3 亿,随着 80 后、90 后进入生育期,加上二胎政策的放开,未来儿童人口数量的进一步增加,将为童装市场奠定快速发展的基石。

25.2　工作室品牌意识树立

随着店铺的正常运营和不断的推进,互联网经济的神秘面纱被一点一点揭开。作为买家,大多数人对互联网消费模式并不陌生;而作为卖家,工作室初涉这个领域,发现要学习和掌握的专业技能太多。一个店铺的开设,两个方面最为重要。一是网页美工,现代消费者对艺术的追求越来越多元化,即使没有经历过专业的艺术培养,眼光也越来越独特和"挑剔"。所以一个好的网店要有一定的特色,要有品牌意识,店铺的装修要有整体统一的设计风格,让消费者进来的时候就能感到亲切舒适。二是店铺的营销策略。每一个阶段都要推出不同的销售策略,以赢得更多的关注,比如,每一个上新时段及节日促销时段。只有店铺不断地更新,不断地推出新品,才能有更多的关注,也会有更多的销量。

好的心态,是做人、做事最好的帮手。店铺前期的投入,会在很长一段时间内不能回利,越是这样的时期,越要坚持。创业初期,不赔就是赚,赚的是经验,赚的是下一步的前进方向。店铺从开设到今天,遇到了各种各样的困难,每个人都付出了大量的心血和时间,好在每个人都用最好的状态去迎接每一次磨砺,在品牌一天天壮大的过程中也不断地获得了成长,内心逐渐变得强大起来。

25.3　工作室制人才培养模式

工作室制教学改革是电子商务实践教学模式研究的重要内容,工作室制人才培养模式是工作室制教学模式的走向。工作室制人才培养模式改革,符合电子商务专业人才培养的认知规律。改革从职业领域和岗位群处罚开始,设计工作任务,让学生在工作任务的引领下,顺利学习及工作,实行以专业教师为辅、学生为主的教学模式,开展各项学习活动,突出职业能力的培养,将创业知识与专业知识相融合,将创业理论与创业实践有效结合,解决了传统创业教育中的一些实际问题,促进了教育、教学与创业、就业的自然衔接。

教学模式是人才培养模式的重要环节,工作室制教学模式走向人才培养模式不是一个简单的过程。人才培养包含人才培养目标、课程体系、师资队伍、教学模式、教学评价与反馈等多方面。电子商务专业的教师不断调研、探索、研究与实践,尝试着针对工作室制人才培养模式,在课程体系构建、教学模式的应用、课程内容的组织与实施、考核评价等方面进行一系列的改革与实践。基于重构的课程体系,在教学内容设计中突出以人为本的原则,以实际项目确定教学,真正实现了以学生发展为中心,让学生真正参与实践中,激发其参与的主动性。每个模块教学中,教师基于真实的工作环境以真实的工作任务进行讲解与演示,让学生在做中学,实现了理论与实践一体化的教学模式构建。

工作室制培养模式,能够很好地把创业教育引入课堂实践。学生可以结合市场需求,设计项目,承揽真实业务,实现创业教育的理想目标,培养出既懂专业又善于创业管理和人际交往的复合型人才。工作室制人才培养模式,明确专业教师的能力定位,要求各位专业教师必须找准自己的能力定位,为教师的职业发展指明了方向,为教师个人发展搭建了平台。工作室制培养模式的实践,不仅能使学生掌握较扎实的专业知识和职业技能,而且可激发学生乐于创业的积极性和主动性,有助于培养学生的团队合作精神,使学生有了一定的创业经验,对学生创业精神和创业能力的培养具有极大的促进作用。

25.4 工作室优秀学员典型

在工作室运营的过程中,也涌现出了一批优秀的学员,他们为工作室的成立以及运营付出了辛苦和智慧。他们和工作室一同成长,将自己所学专业知识运用到实际的运营中去,既锻炼了自己,也为工作室提供了技术支持。现举例如下。

李静,2014 级电子商务本科一班的学生,毕业后留在了青岛,在一家电子商务公司工作,她是工作室培养计划里的一员。这位优秀的学生在求学期间虚心努力,勤勉认真,学习了物流、营销等课程,为以后的工作奠定了一个认知的基础,还学习了实训课程,如营销策划案、沙盘实训这一类机动性较强的课程,对工作有很大的帮助。学校安排这些能够发挥学生主观能动性的课程是非常有必要的。另外,职业规划方面的指导,也让学生较早地开始对自己未来的工作、生活有一个预想和合理的规划。

大二下学期的时候,李静就对互联网的交易平台比较感兴趣了,也因为对所学专业比较感兴趣,就在淘宝上开设了一家经营手机配件的淘宝 C

店。在经营这个店铺的过程中,她不仅有了一些收入,而且对电商淘宝的各个方面都有了一定了解,学习到了很多的东西,在运营以及美工方面也都积累了一些经验。童装工作室的经历,算是求学期间锦上添花的一件大事,也是正式工作之前的一个过渡。李静虽然工作的时间不是很长,但是对儿童母婴这个行业有了更多的接触,每天课后理货、拍照、看样,真正地投入实践中去,切实地感受公司的运营模式。李静根据卖点去制作产品详情,感觉是经营一份自己的小事业,萌发了工作以后的两个基本方向:一个是美工,一个是运营。这种初步的职业规划,在工作室的培养过程中逐渐萌生了,学生的确是受益良多。现在看来,在实际步入社会且投入工作之前,学生有机会可以锻炼,就可以更准确地找到方向,工作后也能真诚地感谢老师给予的机会。

从毕业实习到现在将近两年的时间中,李静一直从事天猫运营工作,没有换过岗位,没有换过公司,她自己也觉得比较难得。

李静在实习期其实是相当迷茫的,不知道以自己的能力能做什么,但她明白,不管是做什么,都必须尽自己所能,脚踏实地地去做,才可能被人看到长处。同期到他们公司的应届毕业生有三个,三个人不同学校,半年之内,其他两个人都相继离职,离职原因无非就是无法坚持下去,觉得前期的付出跟得到的不成正比。但对李静来说还有东西可学,这就是她坚持下去的动力。学习是终身的,只有在最需要充实自己的时候认真地俯下身,在最苦暗的时间里潜心钻研,你才能是那个最早看到阳光的人。

工作很多时候都是枯燥的,但把一个店做起来的成就感也是无可比拟的。李静做到现在,也得到了自己满意的待遇,她觉得最重要的是两点:一是脚踏实地,尽职尽责地完成工作,对于普通人来说,努力工作才容易被提拔;二是善于从工作中学习前辈的经验,大家都有自己要忙的工作,想要提升主要还是靠自学。有目标才会有动力,坚持才会有收获。这是李静的心里话。工作室的每一位学员都需要认真做自己该做的事,不要将自己荒废在最美的时光里。

另一个典型是陈凯。陈凯是青岛黄海学院 2014 级电子商务专科班的一名学生,他是个非常聪明、认真又爱好学习的学生。他目前在福建老家工作,优秀、有进取心也是单位领导对他的评价。笔者再次见到他时,他对自己在工作室的经历感触颇深,明确表示:感谢学院成立了工作室,感谢老师将课堂转换成另一种教学方式,感谢工作室所有学员的帮助,也感谢自己不断的努力和认真的坚持。专业课的学习过程使陈凯对 Photoshop 软件和网店美工课程有了浓厚的兴趣,慢慢地他就开始自己钻研 Photoshop 软件。现在的他很庆幸自己那个时候没有和舍友一起去网吧或是在宿舍里混日子。学习初期只能听一些线上的免费公开课,下了晚自习之后马上回到宿舍打开电脑,自己一个人在床上看教程。慢慢地公开课的内容已经无法满足他的技术增长需求,他就利用假期做一些兼职。在大学的那些年,他自学了 Photoshop、AI 和 CDR,样样精通。

陈凯学习工作两不误,在工作室中也是尽心尽力。陈凯回忆说:"依然记得毕业季等于失业季,那个时候有不少同学是迷茫的,不知所措,他们连自己从事哪个方面的工作都不知道,只是觉得能找到工作就可以了。"在青岛这个高消费的城市这样真的能长期适应下去吗?也有很多同学收拾行李回家了。每个人选择的道路都是不同的,而他当时因为有工作室的经历,很快就明确了自己的工作方向。他想继续做设计方面的工作,最终入职一家平面设计公司,底薪可观,还有提成。在这家公司里,他学会了很多职场上的规则,工作一路顺风。在工作上讲究的是效率。快速完成领导下达的任务,并且及时汇报情况与领导沟通,讲究的是做预设,再讲过程,最后总结,说话要简明,微信与领导沟通时一定要有礼貌。职场如战场,已经不是像在学校一样可以"为所欲为"。如果你工作的速度慢,基本上就等着被淘汰了。这一切都是源于自律。保持良好的学习习惯,不需要每天都学习,但需抽空学。时间久了,你就会发现自己的优势越来越明显。参与过工作室建设的所有人都不会止步,都会继续前进。

25.5 工作室的特色和实效

童装工作室秉持"知行合一"校训,以学生专业技能提升为己任,在实践中瞄准项目式驱动,卓显了自身的实践效用。

25.5.1 项目式驱动——知行合一

工作室教学,在各高校中是一种运用得较为普遍的教学方法,然而大多数的工作室教学仅仅停留在概念上,或是基于一些虚拟项目进行教学。这样做当然比传统教学已经大大前进了一步,但是能达到真正的工作是以教学为目标的,恐怕寥寥无几。首先,学生思想上没有紧迫感,他们已经知道了是虚拟,自然不会认真对待。其次,教师在授课过程中往往把实操环境模拟得过于理想化,把一切问题设置成可预知的问题,这样对教与学的提高起不到太大的推动作用。而青岛黄海学院是基于公司的实际商业项目进行工作式教学,将真实的商业项目引入工作室,能大大地提升学生的实际操作能力,最大限度地将真实案例引入专业教学,实现真正意义上的知行合一,并利用工作室的专业优势,使工作室教学更加贴近实战,以达到工作室教学的真正目的。

25.5.2 提高学生专业技能,缩短校企距离

目前来看,一方面学校的毕业生就业率不尽如人意,另一方面企业招不到合格的人才,这是目前毕业生就业过程中存在的一个不可忽视的问题。造成这个问题的原因主要在于学校的教育与企业的需求脱节,学校的技能训练不能达到实际工作的要求。这种状况下,就需要学生在校期间利用课堂所学技能,深度参与企业实际商业项目的操作。但是,现在大多企业由于种种原因无法接纳在校生进行实习。基于这种现状,院办企业、校企合作工作室制的培养优势就凸显出来了。院办企业在承接到实际商业项目后,由工作室负责,完全交给学生操作,使学生在工作中学习,在学习中工作,进入一个真实的工作状态。学生熟悉各个岗位以及整个工作流程,在工作中解决实际问题,与客户沟通,阐述自己的设计理念,并根据客户反馈意见修改营销理念。工作室定期召开总结会,总结得失以及积累的经验,让参与工作室的同学能够更加深入地掌握所学技能。这种教学方法让学生在校期间就可以参与实际工作,体会全部工作流程,大大缩短了校企之间的距离。高校依托专业办产业的工作室教学模式,仍然在探索之中,但是经过青岛黄海学院的不断实践,大大提升了学生的实际操作能力,同时也提高了教师的教学水平,在一定程度上达到了教与学双赢的目的。

童装工作室是"院园合一"校企协同育人机制的产物,其实践遵循了工作室载体下应用型创新创业人才的培养思路,以其真知体验式的施教模式和技能应用型的人才培养赢得了口碑,属于工作室制的成功典型,为进一步积累经验并在深层次上获得发展打下了基础。

第 26 章

营销创新工作室团队典型案例

营销创新工作室自成立以来，秉持学校"知行合一"校训，将"专创"有机融合，在团队建设和师生同创方面作出了努力。现以该工作室蒙牛销售团队建设情况和兴盛合 SAVITUDE 珠宝项目作为校企合作典型案例，进行如下介绍。

26.1 蒙牛销售团队

一次偶然的机会，工作室接触到了蒙牛产品，通过和蒙牛集团黄岛经销商马总的交流沟通，发现蒙牛集团在育人理念、经营思想和模式以及对校企结合的看法方面，和学校有很多不谋而合的地方。而企业非常乐意为学生搭建实践锻炼的平台，提供更多的锻炼机会。经过一段时间的考虑，工作室成立了蒙牛销售团队，选拔了一批具有营销思路、善于创新且能吃苦耐劳的同学进行重点培养。下面将从几个方面阐述营销创新工作室蒙牛团队的成长案例。

26.1.1 蒙牛文化孕育团队精神

蒙牛是中国领先的乳制品供应商，专注于研发生产适合国人健康的乳制品。企业以蒙牛为名，是将牛的勤劳、坚韧与奉献作为一种崇高的企业精神，唤起人们对牛的亲近、敬畏，也是对真、善、美的追求，象征着孺子牛精神在企业的发扬光大。产品以蒙牛命名，象征来自内蒙古大草原的牛吃的是青青绿草，挤出的是纯正鲜牛奶，独特资源优势造就天然好品牌。良好的企业文化，必然决定了其产品具有不可竞争的优势和优点。

　　此次蒙牛乳业校园实训中，蒙牛团队秉承推销实践的理念，积极参与其中。在炎热的天气下，大家在工作中发现快乐，在快乐中进行工作，实现了销售最大化。每一件产品在走向市场之前，都需要对市场进行一番实际的调查。蒙牛乳业在学院销售时，蒙牛团队的学生也对蒙牛乳业的可行性进行了一番分析，以方便推销。可行性研究的目的，是为了发现问题，找出解决问题的方法，以最小的代价在最短的时间内获得最大的价值，进而更好地销售蒙牛团队的蒙牛饮品。蒙牛团队学生的调查发现，蒙牛乳业不仅品牌知名度高，而且价格要比其他乳业便宜得多。这对在校大学生而言是一种物美价廉的实惠，符合当代大学生的消费观。实践活动丰富了蒙牛团队学生的课外动手能力，既锻炼了蒙牛团队学生吃苦耐劳的精神，又使得蒙牛团队的学生跳出了课本，亲身经历了真正的实践工作。为了此次实训，蒙牛团队的学生提前几天做好了宣传工作，更加有利于蒙牛团队学生销售活动的开展进行。为了能够吸引师生们的关注，蒙牛团队的学生还特意将加微信的优惠券发放给同学和老师，利用同学和师生的关系销售蒙牛饮品。在各个学院班级内部，大家基本都了解蒙牛饮品。学校里大部分人员都是学生，所以蒙牛团队学生的目标客户就是学生，又考虑到学生的购买力有限，蒙牛团队学生不错过每一个潜在消费者，做到了全方位销售。

26.1.2　蒙牛团队培养方式

　　在每一种产品推向市场前，蒙牛团队的学生都需要对产品的销售活动作一些安排。在蒙牛饮品销售活动前，蒙牛团队的学生也做了一些具体的安排工作。

26.1.3　服务意识

　　蒙牛团队的学生以最低价格进行销售，并且送货上门，良好的服务保证了销售的有条不紊，为推销过程的顺利进行奠定了基础。

26.1.4　业务培训

　　由于蒙牛团队是在校学生，缺乏必要的销售经验，对产品的了解不多，这就使蒙牛团队的学生受到了一定限制。为此，蒙牛团队的学生在实训前也有针对性地开展了蒙牛乳业产品的企业经理见面会。培训请的是请蒙牛集团黄岛地区城市经理,他们对产品比蒙牛团队学生了解得更多,比蒙牛团队学生更有销售经验,业务素质更高。这也直接促使了蒙牛团队学生销售能力的提升。

在蒙牛饮品的销售过程中,蒙牛团队学生主要采用了摊位营销和直接上门推销的方式,吸引目标客户。在摊位营销中,蒙牛团队学生选择的地点是人流量最多的餐厅门口,那里是学生们上课的必经之地。蒙牛团队学生把销售时间选在了中午和傍晚时分,这是人员最多和最集中的时候,便于蒙牛团队学生实现最大的销售。蒙牛团队的每个销售员都格外积极,热心地向每个顾客讲解。蒙牛团队学生用热情打动了许多顾客,使他们真心愿意购买蒙牛团队学生的商品。在上门推销中,蒙牛团队学生主要针对的是教师。蒙牛团队学生进行分工,针对实训楼和教学楼进行上门推销。他们两人一组进入各个楼层,向教师们热心介绍蒙牛饮品,取得了不小的收获,获得了教师们的好评,大大地增加了蒙牛团队学生的销售额。

为了更好地服务消费者,蒙牛团队学生调查了他们对蒙牛饮品的反馈。蒙牛团队学生积极地为消费者服务,使他们"买时开心,喝得美味"。在此次蒙牛饮品实训中,蒙牛团队学生经历了销售的低谷,也经历了销售的高潮。第一天只有几百元的销售额。蒙牛团队学生经过了挫折,也享受了成功后的喜悦,其中的酸甜苦辣也只有蒙牛团队学生才能体会得到。在其中一次销售活动中,蒙牛团队学生的销售额远远地超出了人们的预期,达到了 7 000 元,这是对蒙牛团队学生几个月实训成果的认可。

26.1.5 推销实训中的收获

在这期间,蒙牛团队学生经历了很多次的拒绝。蒙牛乳业实训第一学期已经结束了。这短短几个月时间对于蒙牛团队这些即将走向社会的大学生来说,既是一种实训培训,也是一种挑战。这次推销活动培养了蒙牛团队学生在今后工作时应该具备的能力,培养了蒙牛团队学生在离开学校和家人羽翼保护时面对现实的能力,培养了他们在现实生活中实现自己的最大价值的能力。挑战,是挑战蒙牛团队学生能否经受挫折和失败的能力。这几个月蒙牛团队成功完成了活动的销售目标,而且学到了许多知识,更懂得了推销这门学问的深奥和趣味性,向着成熟迈进了一步。

每一次都要有收获,这是蒙牛团队学生在销售前都要有的良好心态。

经过这次活动，蒙牛团队学生深刻认识到了自身能力上的不足。过程是艰难的，但艰难后的喜悦才是最甜的。这次活动使蒙牛团队学生对未来工作充满了无限期待，更加喜欢自己的专业。蒙牛饮品销售活动虽然只有仅仅几个月，但蒙牛团队学生收获了许多东西，有好的，也有坏的。但无论好坏，它们都标志着蒙牛团队的学生处在逐步成长的过程中。在这几个月里，蒙牛团队学生总销售额达 10 000 元之多，不仅实现了销售额的最大化，而且实现了能力提升。而在这之前，蒙牛团队的学生只能从书本上获得知识，虽然所获知识比较全面，却缺乏实践的机会，根本无法施展自己的才华。这次活动调动了蒙牛团队学生的积极性，使他们体会到了销售的快乐，也让他们更加热爱销售这个行业。

从这次活动中，蒙牛团队的学生清醒地认识到了团队的重要性。团队中每一个学生都有自己的优点，如果把他们每一个人的优点集合起来，就会实现优点的最大化，会避免一些错误的发生，从而使得大家更好地完成工作。每一个人也当然都有缺点，只要蒙牛团队的学生敢于正视缺点，这就是整个团队最大的成功。通过这次销售活动的开展，蒙牛团队的学生发现了自己的不足，对自身以后的成长起到了助推作用，不仅为完善自己积累了力量，也为以后走向社会进行了一次模拟训练。他们会共同学习、共同进步，不断地提升自己的营销实战能力，营销创新工作室也会为培养企业所需求的营销人才作出更大的贡献。

26.2　兴盛合 SAVITUDE 珠宝首饰项目校企合作典型案例

青岛黄海学院市场营销专业不断探索新的教学模式，注重实践教学，以赛促学，以赛促教，在社科奖全国高校市场营销大赛及各类大赛中均取得了优异的成绩。市场营销专业于 2019 年初与兴盛合实业集团合作成立营销创新工作室，深入开展校企合作，先后建立了集团产品展厅、集团网络运营中心和集团驻校线上企划部办公室。通过深入开展校企合作，学校提升了市场营销专业学生理论联系实践的能力，同时也给企业带来了一定的收益。学校市场营销专业部分学生选择做兴盛合 SAVITUDE 珠宝首饰项目。在实训的过程中，他们主要做了如下工作。

26.2.1 调查了解珠宝首饰类产品的特点

珠宝首饰类产品不是必需品,甚至有点小奢华。所以,在校园内对珠宝首饰展开营销不能照搬快消品的策略。能喜欢或者购买珠宝首饰的顾客,往往是对生活有一定美的追求且富有浪漫气息的人。他们需要时尚、潮流。珠宝首饰的营销首先应该立足于产品层面,但更应该超越产品层面,去塑造更深层次的关于爱情、亲情、美丽、时尚等方面的精神追求。

26.2.2 通过环境、消费者及竞争者分析对 SAVITUDE 珠宝首饰进行初步定位

学生对环境、消费者及竞争者作了较为深入的调查研究,发现珠宝市场竞争激烈,而 SAVITUDE 品牌知名度低,顾客对其信任度也低。但是,公司拥有强大的生产设计优势,产品的质量是绝对可以保障的,而且产品可以定做,实现顾客的个性化要求,更关键的是价格低,售后服务有保障。基于此分析,学生团队首选学生等消费水平较低的目标人群作为目标顾客,突出 SAVITUDE 珠宝首饰的时尚与优质低价。

26.2.3 制定了 SAVITUDE 珠宝首饰的营销策略

在进行初步分析以后,团队成员制定了初步的营销策略:在保障产品质量的同时,注重顾客承诺,如假一赔十;深挖品牌内涵,塑造品牌的时尚、低价形象,同时通过做系列品牌故事,注入丰富的品牌内涵;推出定制服务,满足顾客的个性化需求;推出产品的高档包装,增加产品的附加价值;制定适合学生人群消费的价格策略,包括组合定价、活动定价等;走出校园,找代理及直营店代销;做好客户关系管理工作,及时处理顾客的投诉建议。针对个别顾客提出的镀银首饰掉色现象,团队邀请公司总经理给作了专业的解答,并作出郑重的承诺,即产品质量保障,假一赔十;如果 3 个月之内出现掉色现象,公司免费重新镀色,如果超出 3 个月出现掉色问题,公司只收取成本费 10 元为顾客终身镀色。

26.2.4 开展各种各样的营销实践推广活动

工作室所开展的实践活动,主要是充分发挥手机功用,做好线上精准营销和线下服务工作。

26.2.4.1　充分发挥手机的实际功用

在信息化的时代,几乎每个人都是手机控,闲来无事便逛逛空间。工作室充分利用这一点,前期在各自空间不断发表有关工作室和珠宝首饰的软文,而后采取线上线下相结合的模式,将故事营销和消费者追求品牌的心理相结合,每次都推出网红爆款或大牌高仿款来吸引消费者。线下采取的是进宿舍、进社区、进店铺宣传的形式,也取得了较为理想的效果。

26.2.4.2　线上做到精准营销

当顾客点赞时,可能这个顾客已经注意到了产品,工作室可以以试探的语气咨询一下,但不宜操之过急,要循序渐进。当顾客认可工作室以后,对产品的购买欲望会更大。而后工作室持续跟进顾客,进行适时的沟通和交流,尽可能根据顾客的喜好推荐他所需要的产品,促成产品成交,做好售后服务,使顾客成为忠实的顾客。

26.2.4.3　线下柜台做好服务

珠宝销售相对于其他商品而言,询问的客人较少,珠宝销售人员该怎么办呢?是孤芳自赏,独自等待,还是做一些对销售有益的事?当店内没有客人询问时,销售人员应该尽可能地采取一些主动措施引起客人对柜台的注意,比如做出拿放大镜观察首饰的姿势,拿出柜内货品试戴或整理商品,擦拭台面玻璃,这样就可能会使客人对柜台的商品产生兴趣,观看商品。当客人走向柜台,销售人员应以微笑迎接客人,用和蔼的眼神看着客人,同时问候客人,但不宜过早地接近客人,应尽可能地给客人营造一个轻松的购物环境。当客人停留在某处柜台,端详某一件饰品时,销售人员应轻声款步靠近客人,建议不要站在客人的正前方,以站在客人前侧方为最佳位置。另外,还可以劝客人试戴,这就要求给客人一个不戴难以挑选合适首饰的信息,同时还要打消客人怕试戴后不买可能遭到白眼的顾虑,从而毫无顾忌地让销售人员拿出首饰来。

概括来讲,通过一定周期的实训学习,学生对于珠宝首饰这一新品类的营销方式有了更为深入的认识,能够运用学习到的相关理论知识去指导实践活动,不仅取得了一定的业绩,而且提升了营销实战能力。由此也说明,营销创新工作室的营销理念、实训做法和服务意识等是值得借鉴和学习的,工作室今后一定会再接再厉,再创佳绩!

第 27 章

创意工作室项目典型案例

在"院园合一"校企协同育人机制下,为加强学院与企业的协同育人,进一步贯彻执行办学宗旨,培养毕业即可上岗的企业实用型人才,学校推出了项目驱动式导师制教学模式。校企合力采用师生共建工作室的模式,学校提供场所,企业提供实践教学培训,实现了学生实践教学环节中的部分业务在工作室内完成的目标任务。

27.1 创意美工工作室

学院针对电子商务行业需求及专业建设情况,除了开设相关课程外,授课教师协同企业经理人在校内创建了美工工作室、摄影工作室、运营工作室、内容营销工作室、自媒体工作室和跨境电商工作室等电商岗位工作室。岗位工作室由企业讲师、专业教师和学生组成,根据教学的需求,将企业项目直接引入学校,学生在工作室中按企业要求完成工作。每个工作室配备学校自有专任教师和企业实践教师"双导师"。企业实践导师手把手教平台操作,形成理论教师与实践教师结合的教学团队以及线上线下融合的教学手段。线上是网络教学平台、云学堂,线下是多媒体教室、企业工作室。学习在教室和工作室里进行,理论知识在教室里学完后,学生再进入工作室进行实践操作。通过分发真实项目,学生自主完成项目,然后由企业筛选,最后成交。这样做的目的,是让学生在真实的企业环境中学习和成长。

创意美工的项目驱动式工作室制和导师制的教学模式皆以学生为主,学校教师和企业导师在其中起着"双导师"作用,重点就在于培养学生的实际动手能力,使师生融入开放式发展的环境当中,不仅提高了专业能力和实战技巧,也促进了教学与就业的有效衔接,进一步为企业培养合适人才,有效地解决了学生就业与社会适应能力的问题。

27.1.1　工作室简介

工作室名称:创意集团-创意美工工作室。

宣传客户端:淘宝店铺、微信公众号、微博、头条等。

成立时间:2018 年 4 月 3 日。

指导教师:杨婷、许玲慧、李萍。

学生成员:各级特色班选拔的同学。

创立目的:为进一步拓展实践课程的理念,让学生融入学习的氛围中,实施导师制授课,通过实际的工作经验让学生在学术和职业中均获得进步。这是旨在重点培养学生非认知性技能,即驱动力和适应性技能,以项目组的形式,把工作实践与学习有机地结合起来,从而达到最佳学习效果。教学的核心方式是实践、团队与实际工作。相对于主流教育以课堂为核心的方式,项目组是通过实践实际项目来完成的。学生会在项目组里得到一位教师的辅导,教师制定时间表来指导工作学习日程,使得学生更像是置身于商业领域的工作环境中,体现了工作与学习深度融合的教学原则。相信经过长时间的锻炼,学生在毕业后一定会比同期毕业的学生更好、更快地融入工作中。

内容简介:创意美工工作室为创意集团下面的工作室之一,是专门制作网店美工类项目的工作室。工作室例行 3 学期制,指导过 30 余名学生,指导教师共 6 名,长期指导教师 3 名。目前,工作室的营业额已经超过 2 万元。

工作室教师主要是辅导学生进行图片制作、美工设计、装修店铺、产品摄影等内容。由于学生程度不一样,所以工作室在国际商学院电子商务及国际经济与贸易专业中先挑选一部分美工基础较好的学生;根据学生上课情况,适当地安排工作,每周给每位学生接一单电商美工工作(主图、直通车、海报、详情页、首页设计制作)。工作室前期先接一些简单的图,一方面了解学生美工水平,另一方面让学生先适应下美工工作,再调整工作内容,以便后期工作顺利进行;学生每设计完作品都经指导教师审图,并提出修改意见;学生做的每单设计费用,都由指导教师进行统计,每月一次性付给学生,鼓励学生自己挣钱。前期工作以锻炼学生为主,后期学生水平提高后,鼓励学生自己创业;学生之间加强交流,优秀作品相互学习,共同进步。工作室成立以来,学生已经可以独立接单、洽谈顾客、拍摄、制作、装修店铺等。

工作室的管理:工作室成立后,各项管理机制逐步到位。

人员的管理:根据学生擅长的方向和兴趣点分为运营部、宣传部、客服部、设计部和行政统计人员。运营部负责接项目引入和洽谈;宣传部负责工作室的宣传工作,主要通过公众号、抖音、头条等自媒体工具进行宣传;客服部负责客户的接待和售后的维护;设计部负责项目的设计工作;行政人员负责整理和收集每周和每个月的工作总结汇报。各部门之间分工明确又协作互助。

工作汇报管理:工作室要求每个成员以日报、周报、月报和工作计划的形式按日、周、月进行工作汇报。日报是在工作群里以图文结合的形式汇报。周报的汇报方式是使用统一的汇报模板,由行政人员统计每周工作详情,以量化的方式填入表格,上交指导教师,由指导教师作出评价后交于学校。月报则以 Word 文档的格式,量化当月的工作内容,以图文的形式作出汇报,并拟定下个月的工作计划,由行政人员负责统计汇总,以报告形式上交学校。

27.1.2 工作室取得的成效

项目承接:工作室成立以来,由教师、学生分别引流、寻找顾客,已承接多个大型项目以及小型项目。大型项目包括毛绒玩具拍摄及制图、进口制冷家电拍摄及制图、化妆品拍摄及制图、儿童服饰拍摄及制图、出口贸易箱包拍摄及制图等。

团队协作:工作室人员包括指导教师、美工专员、摄影师、宣传专员、客户维护专员,协作井然有序。

学生输出:目前美工工作室培养的学生,已有约 15 名进行创业并指导其他学生。

27.1.3 工作室具备的优势

趋势:随着电商阿里巴巴的飞速发展,很多行业也应运而生,现在市面上最热门的工作之一就是电商美工。随着电商而发展起来的行业有很多,电商美工将会发展得最好,并且能够独立成为一门新兴行业。这主要是因为电商美工涉及的范围不仅包括淘宝平台,还包括平面设计和网页设计。所以,电商美工这个行业是有前途的。

发展:潮流趋势总是在不断改变,电商市场也如比。我国网民规模已超过 8 亿。同时随着网络购物市场每年高速增长,越来越多的企业已将传统的经营模式转向电子商务,中国电子商务市场的发展在稳步前行,美工方面的人才缺口仍然很大。

学生:采取导师制授课,教师带领学生一起开展项目,进一步拓展实践课程的理念,让学生融入学习的氛围中,更快地了解电子商务行业。学院成立美工工作室,有助于学生及早接触企业,一方面能促使学生更积极地学习专业知识和技能,另一方面使学生在思想上积极向职业人转变,到企业后能较快适应工作。

27.1.4　工作室的突出案例

创意美工工作室的突出案例,主要出现在儿童服饰、玻璃制品等领域,现予以详细说明。

27.1.4.1　儿童服饰

洽谈顾客:对于儿童服饰项目的洽谈,首先由教师通过社交平台与商家联系,并进行洽谈。然后学生上门走访,介绍工作室构成。一开始顾客并没有很信任学生制图,但经过顾客实地考察往期作品,最终签下项目。

实物拍摄:学生将儿童服饰带回,由主摄影师与辅助摄影师进行拍摄,布置灯光、场地等。

美工制作:将拍摄好的图片进行精修,将产品主图与详情页、首页分组进行制作。由于产品为儿童服饰,购买人群基本为女性,所以产品图片为暖色调,卡通排版。

顾客确认:团队协作的力量是巨大的,团队将产品图片与制作图片传给顾客,初稿就得到顾客的好评,强调后期还会继续合作。经过顾客确认,工作室成员进行后台店铺装修。最终,顾客得到了自己满意的店铺,并将另一单项目也交给工作室。

27.1.4.2　玻璃制品

洽谈顾客:由教师对接客户,将创意摄影工作室与创意美工工作室相结合,进行项目接洽,启动第一次工作室互助式项目。

实物拍摄:由创意摄影学生对产品进行拍摄。

美工制作:与摄影工作室相对接,将拍摄的图片进行精修,将产品主图与详情页、首页按照实际人群与产品分别进行制作。

顾客确认:团队协作的力量是巨大的,团队将产品图片与制作图片传给顾客,初稿就得到顾客的好评,强调后期还会继续合作。经过顾客确认,工作室成员进行后台店铺装修。

最终,顾客得到了自己满意的店铺,并达成长期合作的意愿。

27.1.5 工作室存在的问题

成员:由于学生流动性较大,几乎每一个学年工作室都要进行成员的更替。工作室由老带新,在新生开课一个月内进行选拔,对软件操作以及对工作室有意向的学生由大二学生进行引导,以便解决此类问题。

收益:由于是导师制项目,大部分不以赚钱为目的,主要为锻炼学生,让学生尽快适应社会,所以收益不是特别多。以后将考虑指导教师在带学生过程中的收益问题,便于取得更好的成绩。

制图:由于项目大部分为制图内容,学生的制图速度有待提高。此类问题包括课上学生对于软件的学习、对设计的敏感度以及课下对软件的操作练习。

27.1.6 工作室的发展计划

工作室的发展计划主要有:发动每一个同学进行引流、自媒体宣传平台推广、使学生学会自主创业。

27.2 创意自媒体工作室

对创意自媒体工作室,本书从主体内容、运作方式、发展历程和人员组成等几个方面进行介绍。

27.2.1 主体内容

创意自媒体工作室是一个以学校为根据地、以实践为目的的大学生团体,于2018年3月29日在杨婷老师的牵头下成立,不久之后加入学校创客空间,成为师生同创团队,现工作室负责人为逄宗伟。工作室现已培养三位网商集团特色班学生,他们都是有理想、有能力、有想法的优秀大学生,不怕任何的困难,刚毅是他们的性格。他们用梦想武装自己,在实践中锻炼自己,把每天进步一点当成他们不懈追求的目标。创意自媒体工作室立志做一个有执行力、有公信力、有影响力而且充满快乐的团队。

27.2.2 运作方式

创意自媒体工作室主营微信公众平台、腾讯 QQ 校园空间自媒体平台、旅拍、文艺摄影、店铺运营。每位成员在工作室工作期间,可以赚得一些生活费或者零用钱,也许数额很少,却也减轻了父母的经济压力。

27.2.3 发展历程

工作室建立初期,更注重的是微信公众平台和腾讯 QQ 校园空间自媒体平台的运营,也是在那段时间奠定了一定的粉丝基础。但是,由于粉丝数量较少并且发布的文章质量不高,只有少量的收入,每人每月最多有 50 元的收入。工作室为了增加收入,开辟了淘宝运营的项目,从一些专门的网站上接到了一些修图、做图的工作,每次工作有 10 ~ 30 元的收入,有时一个人的月工作收入就可以达到 200 元。随着新人加入工作室,在淘宝运营接图的工作上又加入了"微淘"编写,编写"微淘"的同学每月至少可获得 1 500 元的收入。同时,开辟的摄影项目则拓宽了工作室的发展空间,文艺拍摄和旅拍这两个项目使得工作室的同学得到了不菲的收入,并且眼界也更为开阔了。

27.2.4 人员组成

逢宗伟,2018 级电子商务特色班学生,于 2018 年加入创意自媒体工作室,主要工作为抖音运营。在抖音火了之后,工作室开了自己的抖音号,逢宗伟跟摄影专业的同学学习剪辑视频来运营抖音号。从一开始的迷茫到现在的灵活运营,他付出了很多努力。从一开始并不知道发布什么内容,到精准定位,到现在近千人关注,这都是他不懈努力学习的结果。逢宗伟同时接了 PS 做图的工作,在做图的过程中磨炼了自己的 PS 能力。有时他会在一周接到十几份的修图工作,甚至会熬夜加班到 12 点。随着他技术不断地提升,做的图越来越精致,需要的时间越来越少,获得的报酬越来越高。旅游一直是工作室的项目。跟团旅拍的项目一开辟,不仅带团的效果更好了,而且也有更多人因为赠送拍摄项目慕名而来。在做项目的过程中,逄宗伟对专业的摄影技术更加精湛。在旅拍的过程中,他每月获得至少 1 000 元的收入,但是他更注重的是学习拍摄的过程和体验生活的美好感受。

安紫诺,2019 级电子商务特色班学生,于 2018 年加入创意自媒体特色班,主要工作为店铺运营。在一次很偶然的机会中安紫诺发现了商机,她联系卖家,花了一个周的时间了解商品与店铺。尽管她已经很认真地了解了这些商品,但在第一天的工作中,仍出现了手忙脚乱的情况。她虚心请教了学校教授运营科目的老师,老师将自己对运营的理解以及运营的方法教给了她。时间久了之后,她对自己如何运营店铺也有了更深一步的了解。每一天,她都在忙着做详情页、上新和回复客户,也得到了自己应有的回报。经过短短半年的时间,她现在一个月便可获得至少 1 500 元的收入。现在她对店铺运营已经有了一套完整的运营理念,她希望经过自己不断的努力,可以在毕业之前开一家属于自己的店铺。

李盈辉,2019 级电子商务特色班学生,于 2018 年加入创意自媒体特色班,主营微信公众平台运营。他对于微信公众平台运营的体会,只有一个"难"字,但是他迎难而上,在学习微信公众号运营的过程中获得了不少经验。学习新内容一定要在人多的环境中,一个人学很有可能什么都学不到,比如在一些营销的群中,看一看大家聊的内容,便可以获得很多从前不懂的知识。在接触微信公众平台运营的一年里,他的文笔得到了很大的提升,看待事情的眼光越来越独到、犀利。做微信营销见效很慢,要花很长时间,有时候需要几个月甚至更长时间的沉淀才能获得一些效果,而利润则需要更长的时间才能获得。在这个过程中,他学会了更耐心地等待一个微信公众号慢慢地成长。他觉得是否从这个工作中得到报酬并没有那么重要,但是能看到一个公众号的成长,才是最为重要的。

27.2.5 工作计划

今后,工作室将会有更高目标的计划和打算,争取成为最新颖的自媒体平台。工作室打算建立自己的自媒体矩阵,在不同的 APP 中使用统一的 VI 和名称,让更多的人知道工作室的自媒体平台;加强视频的表现力,能深度把人物形象和思想都鲜活地呈现出来。把视频作为主要自媒体表现形式更有利于与个性化的推广,视频更新速度为每周一次。工作室的旅拍项目还将继续,并且将开拓更多的渠道来宣传这个新项目,同时可以利用自媒体平台来宣传旅拍项目,凭借物美价廉来得到更多人的认可。

工作室发展至今,从最开始的毫无收入甚至有时小额亏损,到现在每月稳定收入千元以上,都是由工作室每个人不断的努力换来的。工作室循环利用资金来维持运营,每学期都会有新人加入,但是不变的是他们不懈努力进行创业的心。

27.3　成立工作室的意义

成立工作室不是一时的心血来潮,而是基于提升学生实践能力、丰富实践教学课程和有效提高就业岗位的创新发展思路,意义重大。

27.3.1　有效提升学生的学习兴趣和实践能力

电商的相关课程都是实操性比较强的课程,如果只是采用传统的理论教学,学生除了基础知识不扎实外,也不能将理论熟练地运用到实践操作中去,而且电商的规则千变万化,学生只有通过真正的项目实地操作后,才能掌握电商的操作规则和技巧。因此,在电子商务的课程教学过程中,基于工作室的项目教学法更适合学生掌握相关的知识,提高学习质量。项目导师制的应用,不但可以更好地培养学生的学习兴趣,而且能够在教学过程中让学生将课程中的知识进行充分的应用和合理组合,使得学习能力、实操能力、分析能力得到全面提升。实践证明,工作室制培养的学生,更适合行业对电商人才的专业化需求。

27.3.2　案例众多,能丰富电商课程教学资源

工作室通过与企业合作,积累了众多项目案例,这些都可以转化为教学资源,为编写专业教材提供有力的帮助,为新型课程的开发与建设提供重要的参考资料。

27.3.3　有效提高学生就业岗位的适应性

学生在工作室经历的就是真实的企业环境,工作室以企业的工作标准来要求学生。经过工作室的实操训练,学生在就业后的工作岗位中能更好地适应企业的工作的要求,大大提升就业的对口率。

27.4　工作室未来发展计划

除了以上两个工作室外,创意工作室还有创意摄影工作室、创意运营工作室,目前运营情况良好。内容营销工作室和跨境运营工作室正在筹备中。

今后,创意工作室将一如既往地秉承"知行合一"的理念,不仅"惟德惟能、止于至善",更会坚持因材施教,谋求长效发展,并在实践中勇于发现学生身上的闪光点,做到深度挖掘潜能,以不断激发其学习兴趣,为社会培养出更多的应用型创新创业人才。

第 28 章

云商海购创业工作室典型案例

云商海购创业工作室依托青岛橡棉实业有限公司,利用该公司提供的产品和相关资源,在线上开展电商经营活动。2018 年 9 月,工作室首开淘宝店铺,目前店铺经营状况稳定。2019 年 1 月,工作室成立青岛阿斯加德网络科技公司,开始开拓网络科技领域的工作。2019 年 3 月,工作室在校园中通过打造公众号和微信群的方式进行产品推广销售,开拓线下市场,并与公司深度合作,以工作室名义进行线下兼职销售。2019 年 4 月,抖音电商火爆之后,工作室开始对产品进行筛选,有针对性地选取产品开始拍摄视频,并在抖音的商品橱窗开始上架,为线上店铺的流量引入作准备。2019 年 6 月,工作室开始拓展线上微店销售渠道并成功出单。

28.1　工作室培育过程

工作室在引导学生创业过程中始终坚持实战检验,育人为本,重视学生的思想引领和梯队建设,在创业活动中有针对性地开展教育,提出"凝心聚力,共创未来"的口号。

工作室鼓励学生珍惜大学生活,全面完善自我,通过创业实战掌握一些和专业相符合的实用技能,并在创业过程中接触职场,积累工作经验,尝试不同职业、职位,为将来走向职场提前试错,找到适合自己的职业方向。

学生进入工作室,从最简单的修图、抠图开始,由易到难,循序渐进地学习有关客服、运营、线下销售等知识。工作室鼓励学生创新,抓住好的创意,开拓其他创业项目。工作室也会适时增加创业项目的覆盖面,让学生在尽可能短的时间里得到更多的锻炼。

28.2 工作室育人效益

工作室成员大多是电商专业的学生。开展淘宝店铺、抖音电商等业务,让学生课上所学知识得到了实际操作的锻炼,有助于学生提高对专业知识的强化学习和认识。

28.3 成员掌握的技能

工作室成员不仅掌握了自身专业知识,而且在开展淘宝运营等方面也可以熟练操作,基本实现了每个人都可以独立运营淘宝店铺。除专业知识外,工作室还鼓励学生开展专业外能力的拓展,比如进行兼职销售、学习如何与客户进行沟通以及产品订购、上报、库存核对、订单处理的一整套流程。

28.4 成员能力获得体现

工作室每个人的专业技能都得到了充分的锻炼,电商专业的学生能够对电商平台进行很好的操作,摄影专业的学生在拍摄店铺主图、细节图、抖音电商的产品视频过程中也得到了充分的锻炼。工作室从事兼职销售的学生也都成功积累了一小部分自己的客户,销售业绩不断提升,并获得公司的认可和赞赏。

28.5 工作室取得的效益

淘宝店铺:成功上架 60 种商品,并对每种商品都进行了详情页编辑、标题优化。店铺订单量破百。销售额在没有进行进一步运营推广的情况下达到 5 000 元,且每天都有订单。

抖音:建立账号后,拍摄了 5 个视频,并在商品橱窗上架相应商品。

校园公众号:成功申请校园公众号,并通过推广,使粉丝数达到 100 以上。校园订单虽未能赶超淘宝店铺,但基本可以保持齐头并进。

兼职销售:通过在公司学习商品的一些基本信息以及沟通方式和销售渠道,短时间内可实现每个人的业绩破万,工作室总体的业绩能够破十万。

28.6　工作室存在的问题

发展时间太短,每个人接触的工作面较宽,还没有更进一步地去检验一些更有专业性的知识与技能。拟开展的领域过多,工作室人数太少,出现一个人负责多个领域的情况,工作量过大。没有一起参加大赛,在实战中锻炼自己的能力,增强团队协作的能力。工作室场地更换不及时,没有及时地招聘新人,工作效率在前期较低,整体发展缓慢。没有对淘宝、抖音等平台进行进一步的营销推广,比如开展直通车业务,没有使学生进一步接触电商运营。

28.7　工作室未来工作计划和效益目标

工作计划:加大对工作室学生的思想教育和引领力度,鼓励创新,开拓进取;重视梯队建设,扩大育人覆盖面;纳新之后,产品的图片拍摄、视频拍摄都可以由工作室自己进行制作,可以单列一个发展方向,也可以辅助公司拍摄产品,完成推广信息的编辑和发布。继续运营现有平台,保持稳定发展;陆续在其他平台开展业务,比如小红书平台。开展淘宝直通车、钻石展位等营销推广;完善微店平台的内容;招聘网络科技的相关人员,开展和营业执照相符合的领域的业务;组织学生参加相关创业比赛。

效益目标:开设直通车业务,争取更多的流量,淘宝店铺粉丝数和订单量破千,月销售额和抖音粉丝数破万。校园公众号拥有校园知名度,订单数每周破百。个人销售方面,争取工作室所有人的业绩相加能够破百万。

28.8　云商海购创业工作室成员个人情况自我介绍

杜丙臣:我在大一学习了一些知识后,2018 年 9 月份和段老师创立云商海购创业工作室,和青岛橡棉实业合作运营淘宝店铺。2018 年参加青岛跨境电商知识挑战赛获得市级二等奖,2019 年 3 月成立青岛阿斯加德网络科技有限公司，2019年3月荣获"创现在，赢未来"大学生创新创业大赛二等奖，2019年6月以青岛万规勋业工业设计服务平台为作品荣获第九届全国大学生电子商务"创新、创业及创意挑战赛"省赛一等奖。

刘汉晨：在工作室期间，我学到了很多，也成长了很多。学习方面，我获得了跨境电商大赛市级三等奖、"互联网+"大赛校级一等奖，荣获了"海鸥行动"创业项目证书，并获得了若干创业大赛优秀团队奖。工作方面，我多方面锻炼了自己，加强了电商美工和电商运营方面的知识学习和技能提升，线下内贸沟通等业务的知识也得到了丰富。"今天我以工作室为荣，明天工作室以我为傲！"

杨宇：在工作室的一年时间当中，我付出了很多，也收获了很多。我学的专业是电子商务，在书本中只能学习一些基础知识而不能切身实践。这个工作室给我带来了切身实践的机会。我在动手操作过程中应用知识的能力得到了很大程度的提高，更深刻地认识和了解了电子商务中的制度和规矩。在工作室中，通过实践操作，我在电商美工和电商运营等方面的能力都得到了加强。我也了解到一些贸易知识，认识到将理论与实践相结合才能够真正提高自己的应用能力。

林竹：我是电子商务专业，加入工作室的初衷也是为了能够和专业对口，能够把课堂上学到的知识运用到实际操作中。加入工作室后，我主要负责淘宝店铺的后台操作，熟练掌握了产品的标题制作、价格制定、产品上架和运费模板修改。我学习店铺运营的相关知识，后来尝试了线下销售产品，了解了销售产品的全过程，以及产品预订、数量记录、与客户沟通的技巧和知识。我加入后，工作室不断地发展壮大，店铺从无到有，产品从只有一种到现在的五十多种。我在校园内进行了两次地推，锻炼了自己的策划、参与和推销产品的能力。我在发展淘宝店铺的同时，也发展了抖音和1号店的业务。

贾玉茹：我是2018级影视摄影与制作本科一班的，性格开朗，富有活力，待人热情、真诚且稳重。我工作认真负责，积极主动，能够吃苦耐劳，喜欢独立思考，做到了虚心与人交流并取长补短。我有较强的组织能力、实际动手能力和团体协作精神，能迅速地适应各种环境，并融入集体当中。在工作室中，我不断地完善自己，提高了综合素质，在学好专业课与公共课的基础上，进一步地扩大了阅读量，不断地增加新知识，陶冶了情操，也开阔了视野。另外，我积极参加社会实践活动和各种文体活动，一定程度上提高了自己的组织与社交能力。

丁聪：我来自 2018 级电子商务专科五班，是工作室中唯一的专科生。我在工作室中学习到了很多有用的东西，比如 PS 技术增进了很多，学习了淘宝技术，还有很多线上、线下的技术，并了解到很多产品的信息，认识了很多好朋友。总之，我很庆幸来到这个工作室，以后我要把线上和线下都做好，坚持全面发展，给工作室带来最好的效益。

王磊：我来自 2017 级国际经济与贸易本科二班。自从加入工作室以来，我深刻地认识到了社会与学校、理论与实践的差别。基于对这两点的深刻认识，我在平时学习理论知识的同时，也在不断地想着与实践相结合。美工方面比较擅长的我，在做我们自己工作室运营的淘宝商品的同时，也"接单"其他淘宝店铺的详情页制作。这样既能够增加自己的技术水平，也能够为自己的店铺运营获取经验。我接单的时候也赚取了一笔收益。经过这么一段时间的自我学习，我深刻地认识到了团队的协助和配合作用，同样也认识到了个人在团队中应尽的责任和义务。从加入工作室到现在，我从一个对网店一无所知的"小白"，到现在对网店运营比较熟悉，完全是靠着同学之间、团队成员之间的相互协作和配合，我感觉自己前进了很大一步。我觉得工作室的每一个人都是非常有上进心的人，都想更加努力地让自己变得更为优秀，都想要学到更多知识，接触到更多新鲜事物，也想让自己每天的生活更充实，接触到更多的人。工作室中的每个人现在都充满着正能量，并且有着无限的激情和饱满的信心。大家都对未知的东西充满着强烈的渴望，不怯场，不服输。

云商海购创业工作室应运而生，也迎时而动，不仅坚持了育人为本的理念，也能够以能力为先，积极拓展业务范围，极大地提高了学生的创新意识和创业能力。与此同时，工作室在不断的实践探索中更是积累了一定的经验，在日益壮大的道路上展现出了自身异样的风采与独特的魅力。

第 29 章

"小毛桃"软件创新工作室典型案例

"小毛桃"软件创新工作室成员以跨境电商和计算机专业的在校学生为主,开展的是基于跨境电商贸易平台打造的软件开发技术学习与实践活动。他们通过多方实践促进深度学习,不断熔炼学习知识并灵活进行"双创"项目实践。"小毛桃"软件创新工作室的日常工作内容,主要包括共同学习跨境电商平台前沿的软件开发技术,承接学校综合性信息化与社会商业性较强的实践项目。工作室不限于自身成员的学习和业务活动,还积极参与本专业相关学科的学生与社会行业人员的培训工作,既在跨境电商、计算机专业方面起到了先锋队作用,也在一定程度上引领着相关专业的学生、企业和行业的技术进步。

29.1 工作室主要工作内容

"小毛桃"软件创新工作室基于跨境电商平台运营的平台技术学习、相关培训活动以及软件开发等工作内容,在"专创"融合和实践育人方面发挥了自身的综合性实效作用。

29.1.1 新技术学习

"小毛桃"软件创新工作室团队成员技术基础尚薄弱,一直在努力学习跨境电商软件开发技术。团队成员分工明确,对于专业性软件架构、综合业务开发和前端技术设计等内容有专门人员重点学习。大家相互协作,争取形成一支具备极强战斗力的开发团队,具备创新创业能力。在此过程中,团队积极引进新人,建设好后备人才梯队。团队学习的主要内容包括前端设计、JavaWeb 开发、网络爬虫技术、树莓派等。

29.1.2 培训活动

"小毛桃"软件创新工作室对接同望科技有限公司进行了 V 平台的培训工作,而且已在学校开展了两次培训,人数分别达到了 80 人和 140 人,培训时间均为一个月左右。其中,第二次培训主要由工作室成员负责完成,并成功举办了"银弹谷杯"软件开发大赛。参赛队伍一共提交了 14 个软件作品,其中不乏跨境电商的精品,取得了较好的实际效果。

29.1.3 软件开发

团队成员根据学校国际商学院跨境电商应用型人才培养和数字经济创新创业园"专创"融合的多方需要,将科学管理制度、"院园合一"理念和创新创业实践融为一体,开发了校内大学生创业孵化基地管理系统、会议室管理系统、毕业论文管理系统等,并完成了校外社区户籍管理系统、"酒店 + 网咖"收费管理系统、某网站信息爬取工具等作品。

29.2 工作室取得的成绩

"小毛桃"软件创新工作室建立了由大三、大二、大一不同年级学生构成的创新创业团队,团队梯队层次合理,由高年级带领低年级学生,做好了人才储备工作,并不断吸纳新鲜血液,以保障团队健康发展。

首先,工作室凝聚了一批有电子商务软件开发兴趣和热情的学生,以团队的模式共同学习、共同进步,形成了团队整体战斗力。其次,工作室开发了一系列适用于商贸平台的软件作品,取得了一定的经济效益,也鼓励学生更加努力地学习专业知识。再次,工作室不仅倡导师生同创,也形成了一种学生带学生的学习模式,以自主学习为主,培养学生力争经过个人努力而取得进步与发展的自我意识。最后,工作室为学校探索了一种新的实践育人模式,使得应用型人才培养更加趋向于个性化,以帮助学生较早地确定主攻方向,形成自己的就业优势。

29.3 工作室存在的问题

因大二学年结束之时开设的相关专业课程并不多,所以大部分同学不具备软件开发能力,还需要进行系统的培训。学生利用课余时间补短板,系统学习软件开发技术基本需要一学年时间。等到具备开发能力的时候,学生基本进入大四阶段了。学生要把主要精力投入到毕业设计与找工作上,留给创新创业的时间就很短了,很难取得好的成效。如果工作室从大二阶段开始学生培养工作,此时的学生基本上还没有上过专业课,大都处于零能力状态,给有效开展工作实践作带来了困难。

"小毛桃"软件创新工作室面临的问题,还体现在"专创"融合较强的创新创业工作之需应与实践教学深入结合,相互协同并合理制订教学计划,对专业课程予以科学安排。由此,一部分专业基础课程便可在大一阶段完成,跨境电商和计算机专业大都如此。工作室这种做法在让学生具备电商平台运营和软件开发基本技能的同时,也对其创新想法的实现起到了一定的支撑作用。

29.4 工作室后续发展思路

"小毛桃"软件创新工作室在广泛调研和良好运营的基础之上,也在很多方面对自身后续发展进行了思考,具体内容主要包括以下方面。

29.4.1 学习模式

遴选优秀学生以大二学生为主。工作室带领学生通过超前进度和深度的专业知识学习来储备人才。工作室成员定期轮流开展内部技术讲座,分享自己所学,彼此相互促进,共同提高。

29.4.2 开发锻炼

承接适量的商务型软件开发项目,由高年级学生和低年级学生共同组成小团队完成开发工作,让低年级学生能够系统地学习到开发工作所需的知识,促进学习。

29.4.3 企业合作

"小毛桃"软件创新工作室与优秀的商贸型技术企业合作,寻求能力提升的捷径,并通过参观、学习、培训等活动拓宽视野,快速提升团队成员能力。

29.4.4 探索创新

"小毛桃" 软件创新工作室定期开展头脑风暴座谈,探索好的创新点,分析可行性。工作室组建小团队去孵化小项目,且持续加以完善,以此作为毕业设计,甚至是商贸类创新创业项目。

29.4.5 所作贡献

"小毛桃" 软件创新工作室基于跨境电商行业需求,引领计算机专业辐射层面的学生高效进行学习,通过开展培训、举办大赛等方式向同学们输出新鲜知识与实用技术,以带领大家实现共同进步。同时,工作室也为跨境电商和计算机专业的培养模式、课程体系改革提供实践经验。

29.5 工作室典型案例

目前,"小毛桃" 软件创新工作室的主要学生典型有 2017 级计算机科学与技术专业的武子康。武子康和工作室的其他所有成员一样,在跨境电商、计算机技术与平台开发、软件应用等 "专创" 融合的实践认知上,经历了一个如下所述的动态变化过程。

在 "小毛桃" 软件创新工作室中,大家更为注重的是学习和锻炼。平常学习到的新技术,很快就可以在项目中进行实践,而不仅仅是专业知识的消化、软件平台的开发和系统程序的创新等等。这个对大家的成长是非常有好处的。因为如果你想知道对一个商贸类新技术的掌握程度,或者你想对此新技术的掌握程度更上一层楼,那么就付诸实践,而在这个过程中,你就会知道自己对这项平台技术的掌握程度,你就会发现自己的弱项,从而不断补全自己的技术栈。有的工作室为了追求业绩,常常将之前做过的项目修改一番,使之成为新的项目。这样效率虽然提高了,但是不利于大家对技术的学习与掌握。由此,人们应该侧重于学习和实践,因为这几年来,不管是商贸类,还是智能化,技术的更新换代都是越来越快,这就要求我们要终身学习,不断地学习新的东西,才能跟得上时代发展的步伐。

作为一个主要基于跨境贸易平台运营而做开发的创新型工作室,大家认识到在商贸类平台开发过程中应各司其职。尤其是前端显示页面和后端业务系统分离之后，大家更应该各自掌握不同的技术。但在"小毛桃"软件创新工作室中，无论是做前端页面的，还是做后端业务的，都需要对整体的技术有所了解，因为这样有利于大家更好地实现协作。我们不难发现，在很多跨境电商平台开发的过程中，通常前后端难以协作，后端一般只留说明文档，这对于做前端开发的人员来说，非常难用。当出现数据错误时，也无法第一时间确定问题到底是出在前端还是后端。所以大家对技术有个整体的了解就尤为重要了。前端人员懂一点点后端开发，就可以在后端留足接口的情况下，更快地开发。而后端人员懂一点点前端开发，就可以在前端页面开发的基础上，更好地给前端设计接口。前端人员、后端人员要侧重于自己的技术栈，但也不能忽略一些其他领域的技术栈。

其实，在"小毛桃"软件创新工作室刚开始运营的时候，并没有采用前、后端分离的技术。工作室当时用的是 Springboot 和 Themeleaf 方案，将后端的数据直接渲染到前端页面上去，这样的好处是开发效率高，后端人员直接一气呵成。做了一段时间之后，工作室发现后端人员大多都重视业务逻辑，前端页面简直丑得没法看，但是让前端人员来写的话，他们又不会做数据绑定。这可把团队成员们愁坏了！憋了好几天，他们才想出来了一个好办法。说起来，这个方案还挺有趣，前端人员写页面，后端人员写业务逻辑，写完之后，前端人员将页面交给后端，后端人员再根据前端页面将对应的业务数据绑定进去。想出这个方法时，大家都觉得自己简直太聪明了，竟然解决了这么大的难题。结果干了一段时间后才发现，原来有好几个前端的命名习惯、框架逻辑都不一样，写出来的代码虽然显示效果一样，代码却是千差万别。这样交到后端人员手里，后端人员看得是云里雾里，而且网页里有各种 Javascript 对网页 DOM 进行操作，往往在后端绑定数据的时候，写页面的前端都要坐到旁边，先是一行一行地说，后端再一行一行地绑定。这样本来是一个人能够独立完成的工作，却变成两个人的任务了。此时，整个团队才意识到原来是把这一套流程搞得过于麻烦了。

直到团队上网查阅，才明白这个问题别人早就遇到过了，而且现在已经有一个叫 Vue 的框架解决了数据渲染的问题。这让整个团队觉得真是发现宝藏了！于是，一通电话打到了在天津做前端开发的程序员那里，一问才知道，这个技术都出现好久了，之前是用 React，但是 React 太难了。那个程序员还说有一个复旦大学的留学生叫尤雨溪，开发了一套叫作 Vue.

js 的新东西,使用了新的开发理念 MVVM 模式,而且现在都已经加入了阿里巴巴电商平台的 Wexx 团队……团队当时唯一在想的,就是大家再也不用一行一行地绑定了。

事实果然如此。但还没高兴几天,新的问题就来了。因为学 Vue 也需要时间,虽然这个东西确实是方便了很多,但和工作室之前开发的思维逻辑有很大区别。工作室不得不白天学了晚上学,第二天再进行交流。为了加强合作的效率,工作室成员不光前端要学,后端也要学,这需要大家丢掉之前刚刚学会的东西。就如同好不容易往家里添置了点瓶瓶罐罐,没两天却又要搬家一样,工作室需要把这些瓶瓶罐罐全都摔碎丢掉,然后再重新购置。这种事情,对于"小毛桃"这种刚起步的团队而言,当然是令人心疼的,出了力却讨不到好。好在工作室还挺"喜新厌旧"的,没过几天,就喜欢上了新的技术 Vue。有了 Vue 之后,工作室才发现它简直太好了!正所谓"旧的不去,新的不来"。尤其是技术这个事情,就是要边走边学,边学边丢。这也如同另外一句老话说的那样,欲速则不达。工作室渐渐懂得凡事(包括任何技术)都各有千秋的道理,一切重在自己选择。当然,作为"小毛桃"软件创新工作室成员的每个人,肯定会在不同的情况下选择不同的适用技术。

再举一例。升入大三的学生,会发现电子商务、跨境贸易和计算机等方面的专业课程,在低年级阶段大都学过基础。由此,在空余的时间里,学生便可以一门心思地花些时间去研究那些更好用和更实用的新技术了。这种成长,是真正的自主学习式成长。犹如敲代码一样,在数量上写得越多,掌握得程度就会越好。之前听过一个故事,大概就是说一万小时定律,意思是说当你专注着去做一件事到达一万个小时的时候,你就是这个领域的"大师"了。换算到每天工作八小时,一周工作五天,那成为一个"大师"大概就是要五年的时间。那我们是不是也应该认为商贸和编程领域也有着所谓的一万小时定律呢?其实,道理很简单:多花点时间学习,走出舒适区,提高才会更为明显,当然我们才可能会早一日到达理想的彼岸。而"小毛桃"软件创新工作室正是给大家提供了这种思维认识,并在一定程度上激发了实践动能。

不知不觉中,"小毛桃"软件创新工作室已经走了很远的距离,团队成员们也顺势成长了不少。作为一个创新型工作室,"小毛桃"并不以营利为目的,学会怎样学习、学会使用技术,这才是这个工作室存在的真正价值之所在。是它为学生提供了一个锻炼自我能力的平台,培养了学生的创新意识、创造能力,也激发了学生"专创"融合的兴趣和终身学习的需求。随着现代科技发展的日新月异,基于跨境电商的创新思维和平台技术会如雨后春笋般涌现,每个人要学的东西自然越来越多,但脚踏实地地吃透底层知识,个性化地实现创新发展,才能够让我们走得更远。"小毛桃"软件创新工作室,正昂首阔步地行走在前进道路上……

第 30 章

跨境贸易工作室典型案例

跨境贸易工作室的孙焕春同学，是 2017 级国际经济与贸易本科二班的一班之长。还记得当时是她主动找到负责老师，表达了自己想进入工作室学习的强烈愿望。她表示学校创造了这么好的条件，自己应该善于整合资源，利用好的条件发展自己的专业能力，这样在毕业前就有了实战经验，能够为自己以后的工作打好基础。2019 年 4 月中旬，她便进入了工作室学习。她利用没课的时间及晚自习时间，接触并学习外贸知识。在仅仅学习了国际经济与贸易实务、国际运输与保险等专业知识基础之后，她便开始接触真正的外贸。

30.1 在实践中积累经验

进入工作室后，孙焕春从最初的发送开发信到自己编写邮件回复询盘，再到下载 WhatsApp 等社交软件直接与客户进行交谈，可以说对客户询盘、进行报价、制作报价单和价格谈判等环节都进行了一系列的接触，现在已积累了三十多名意向客户。

经过几个月学习和实践，在企业导师李彩云经理的带领下，孙焕春积累了自己的客户资源，也一步步地向真正的外贸业务员靠拢。虽然她目前在外贸业务员中还属于菜鸟，但她通过几个月的学习，能够熟悉并掌握各个外贸社交软件的运用及外贸流程，已是很不简单了。

起初，她只会通过现成的模板给客户发送开发信，回复邮件时还需求助他人,在各个社交软件上也是直来直去,毫无章法之言。通过几个月的学习,对于很多事情她都有了自己的想法,并循序渐进地开展工作,不仅凡邮件皆有回应,凡信息也皆有回复。在学习和实践的过程中,她也总结出了一些自己的感受。

第一,对业务员来说,潜在客户是很重要的,虽然可能在最初时潜在客户不需要你的产品,但是他做的是相关产品,对于这种客户要常联系。公司是做传送带的,就需要注意煤矿、冶金、化工、港口等行业的物料运输。潜在客户很重要,要管理好,不时问候一下是保持联系的好方式。

第二,对于发出的邮件要做到心中有数,要及时跟踪,不要忘了在什么网站上给谁发过邮件。对于客户的询盘要及时地回复,即便是当时不能提供也要给客户回复邮件,告诉客户正在准备货物。切不可不加回复就去给客户备货,客户可能会以为你不再做这一行业或你不想和他做贸易,再去找其他的工厂合作。等你备好了货再联系时,客户已经和别人签了合同。孙焕春曾经在 Outlook 上发送开发信,发完没有及时登录邮箱查看,结果有一个客户回复了邮件。可是她到了一个星期后之才看到了询盘信,再给客户回复时,客户根本就不理她了,她给客户发了两封邮件都没能得到回复。所以邮件一定要及时回复才行。

第三,做外贸要细心。有很多时候,她报价算错而导致客户总是再次问她一遍。这种低级错误,一定要尽量避免。有一次,她做好价格单没有检查就发过去了,客户发信息回复说价格不对,她这才检查了一遍,发现了错误,于是又算了一遍,而后再给客户发过去。

第四,耐心也是做外贸必不可少的,新手在找客户时要有耐心。一般做成第一单需要两三个月,在这一段时间要经得住考验。在开发客户时,有可能你给一百个客户发了邮件,但是只有两个回复的或者根本就没有人回复,这都是很正常的。再就是有可能会遇到系统退信。有一天下午快下班时,孙焕春发了三十多封邮件,第二天一开邮箱见到一片系统退信。在这期间她也曾经怀疑过,不知自己是不是适合做这一行,但在她收到客户的回复时,立马又有了信心。当然,即便有十个客户和你联系,极有可能一个也不下订单,比如她的一个巴基斯坦客户,就是到了说好购买产品这一步了,报完价后却最终也没下单。所以无论生意能不能谈成,都要耐心地与客户进行沟通。在遇到问题时,要向客户耐心地解释,因为有很多事情是急不得的。有时可能会遇到原材料的价格上涨,这时就要向客户耐心解释,大部分的客户还是能理解的。

这几个月，她运用在学校学习的专业知识，开展外贸业务，也接触到了一些课本上没有学到的东西，比如付款方式，还有就是英文缩写之类的知识，这些要在工作中慢慢地积累。

30.2　在业务中适时反思

下面是孙焕春同学在工作室开展外贸业务过程中的一些反思。

原本以为做外贸很简单呢，实际结果出来之后，发现并不是想象的那样！近几个月下来只寻得三十多名客户，并且报过价的八个客户之后也是不回复者居多。有的是觉得价格不合适。有一名伊拉克客户就报价两次，都说不是合适的"好价格"，最近又说他们已经从中国购买了。当询问为什么不选择我们的产品时，只说是因为价格太高了！曾经给一名印度客户发送"建交信"，之后便收到了询盘，然后我们就向他进行了报价，之后却没有收到回复。在平台上询问客户，客户说老板在国外，等老板回来再给我们回复。而另一名巴基斯坦客户发送邮件询盘后，我们就进行了报价，之后还给他降了一次价并更新了价格单，之后便收不到这名客户的回复了。社交网站上的一名孟买客户，我之前曾"跟踪"了他，他说会考虑购买我们的产品，之后再"跟踪"时，却说他得与自己的生意伙伴商量一下。后来，这名客户给了我他某个生意伙伴的联系方式，提出付款方式方面的问题，要求接受长期信贷。另一名印尼客户，则只是销售而不负责采购，与其交流取得了他公司的联系方式，却没有答复。一些客户寻求二手传送带，我方无法提供。还有一些寻求传送带的，如一名印度客户寻求NN150 的传送带价格，他们提出的要求与我方报价相差太大，根本无法做到。再者，是一些做传送带的客户，一直发信息，一直得不到回应，如芬兰的一名分销商客户，之前交流过，之后寻求建立联系，却不予回复，以后就一直没有取得联系。之前报过价的某客户，表面上说我方报的价格好，却通过翻译在其他地方购买了需要的传送带。当想寻求预订单并让客户看看我们的产品时，对方却说他们购买的产品也很好，我们只有向他表达下次有机会再合作的美好愿望……

　　这几个月来的客户可分为这么几类："说暂时不买,等到未来有需求时再联系"的客户;"发送询盘,寻求价格"的客户;购买二手传送带以及其他产品的客户;有自己供应商的客户。那些被着重"追踪"的客户,往往是报过价的客户;那些暂时不购买的客户,过一段时间最好询问一下;还有就是那些有自己供应商的客户。自己心中一定要有分类,并依类进行不同程度的"跟踪"。而对于一些不回复的客户,则要在社交网站主页中寻求他们的信息,并进行有效信息的提取。除此之外,跨境贸易工作室中还有2016级国际经济与贸易本科班的张瑶瑶和孙聪同学,他们都得到了很好的锻炼。

"院园合一"校企协同育人模式,是校企合作进入高级阶段的一种表现形式,集学校公益价值的使命驱动和企业经济价值的市场驱动于一体,集中体现了民办高校的办学体制创新、内部运行机制创新和育人模式创新,使得应用型人才培养由纸上谈兵、虚拟仿真走上了校企零距离接触的现实实践。校企双方相互渗透、融为一体,成为利益共同体,不仅实现了学校教育教学资源与企业生产经营资源共享,也实现了学校与企业、教育与产业、专业与职业、师生与员工对接与融合。企业以市场和自身需求为导向,全面介入学校专业设置、课程方案、教学管理及实践教学等环节,为学生的专业知识学习和技能训练搭建了舞台,极大地保障了人才培养的质量。跨境贸易工作室的大胆尝试,让学生在正式踏入社会之前就披上了铠甲,当其日后真正步入职场时,很快便能够上手,在不断的历练中一展黄海学子的风采。

第 31 章

启航创业工作室基于师生同创的大学生创业能力培养实践探索

从 2011 年到 2019 年,我国大学应届毕业生人数由每年 660 万人增加到每年 860 万人,增加了 200 万。2018 年大学应届毕业生人数为 820 万,2019 年大学生应届毕业人数为 860 万,比 2018 年增加了 40 万。就业人数的增加,与就业岗位需求量之间的矛盾,导致就业越来越难,越来越多的大学生面临着毕业即失业的危险。自 2014 年 9 月起,国家就提出了"大众创业、万众创新",大学生群体开始了创业活动的不断尝试。调查发现,大学生创业面临着创业"三低"问题,即高校大学生选择创业的比例较低、创业所选择项目的层次较低、创业成功的概率较低。导致高校大学生创业困难的原因,除了国内外严峻的经济形势和就业环境、企业人才需求和用人机制、地域性别差异等外在原因,最根本也是最重要的,是大学生创业的社会能力较为低下。因而,培养大学生创新创业能力就成了亟待解决的重要问题。

31.1 启航创业工作室的渊源探求

大学生创业能力的培养是高校学生培养中一项十分重要的工作。各高校在传统培养的基础上不断探索新的方式,工作室制的学生培养模式在不少高校中开始了初步的尝试和探索。"工作室"一词最早源于 20 世纪初德国的包豪斯设计学院。在包豪斯的教育理论体系里,没有教师和学生之分,只有师傅与学徒的关系。学徒在师傅的带领下,在手工作坊里通过实际制作来获得手工技巧和生产技术。作坊可以说就是我们今天教学工作室的雏形。近几年来,高校在创新型人才的培养方面不断探索,对工作室的教学方式不断地进行改革和创新。

作为省级大学生创业孵化示范基地,青岛黄海学院大学生创业孵化基地不断探索新的学生培养模式,主推的师生同创工作室已取得了初步成效,在学生创业、人才培养等方面取得了较大的进展。启航工作室在此期间应运而生。

31.2 启航创业工作室的功能介绍

师生同创工作室成立之初的构想,是以工作室为平台和纽带,进行小规模的创业实践和创业教育,探索一套合理的、可行的大学生创业能力培养模式。工作室的功能主要包括以下几项。

31.2.1 营造创业氛围

工作室要营造干事创业的氛围,因此应布置成企业形态。工作室要有文化和各项规章制度,办公设施要齐全,部门设置要到位,人员分配要合理。为了增强合理性,工作室要及时组织学生到各企业参观、学习和调研,启发学生的创业思想,营造创业气氛,让学生感受到真实的创业过程。

31.2.2 形成工作室制度

"凡事豫则立,不豫则废。"要形成规范、完整的工作室制度,须在以下几个方面进行努力。一要严格工作室纪律,认真挑选态度端正、认真负责的学生加入工作室,学生在加入工作室后杜绝出现半途而废的情况。因为在整个培养的过程中,教师要投入较多的精力管理工作室,并要时刻跟踪学生的学习和实践;企业讲师教授的实践操作是一个连贯的过程,学生在学习的过程中如果半途而废,就是对企业资源的浪费。二要切实保障工作室充分发挥作用,学校教师的管理和理论教学、学生的理论与实践学习、企业讲师的企业理念和实际工作内容,都会在工作室中融合为一体,对学生的学习能力、交际能力、团队合作能力产生一定的影响。要让学生开阔视野,激发他们学习的欲望,积累就业经验和创业资源。学生通过工作室的锻炼,就业能力和创业能力都会得到一定程度的提升,离校之前能够明确自己毕业之后的选择。因此,工作室制的培养模式让学生提前接触了工作岗位,降低了学生择业的机会成本,能够使其迅速适应毕业之后的社会生活。

31.2.3　培养创业能力

工作室负责制定合理的创业能力提升方案,根据实践经验列举学生阶段干事创业需具备的几大能力,例如专业知识能力、团队合作管理能力、沟通交流能力、重大决策能力。工作室要在日常运作过程中着力提升团队成员的各项能力,通过轮流值班、轮流召开工作室例会、集体讨论、自主决策等各项活动,刻意训练成员,提升其相关问题的处理能力。

31.2.4　实践创业项目

有了氛围、制度、纪律等各项基础,工作室的主要任务是选定创业方向,进行创业实践,投入真金白银进行工作室真实业务的运作。在创业初期,必须要有学校教师和企业导师的协助,为学生指点迷津,解决实际发生的各项疑难问题。在这之前,工作室可以从接触企业的真实项目开始,积累经验、培养能力,寻找适合学生群体、适合相关专业的项目进行初创,然后不断地加以总结和完善。

31.3　学生创业能力培养亟须解决的几大难题

本部分从创业意识培养、专业技能培养、创业能力培养和运营指导等几个方面,对学生创业能力培养亟须解决的难题加以分析。

31.3.1　创业意识的培养

思想决定行动,有了创业意识,才有可能有创业行动,有了创业行动,才能带动更多的大学生参与到创业中来,营造出浓厚的创业氛围。大学生要充分利用工作室开展的创业知识讲座、创业案例学习以及创业模拟等活动,使自身视野开阔起来,从而达到启迪创业意识的目的。

31.3.2　创业专业技能的培养

所谓专业技能,指的是工作室在选择创业项目的过程中,充分考虑学生所学专业和涉及的专业能力,根据专业特点选择创业项目,从而提升创业学生的专业能力。以电子商务专业为例,工作室选择的创业项目,基本上是电商运营和美工相关的创业项目。这主要是考虑到学生在课堂上已经有了相关专业理论知识,通过创业导师的讲解和操作,学生上手快,工作室的实践锻炼是课堂学习的延伸,学生会在实践的基础上,加深对课堂知识的思考和对专业的理解。

31.3.3 创业能力的培养

创业不是一项简单的重复性劳动,它需要创业者具备十分重要的能力。沟通能力、工作的协调能力、语言的组织能力、创新能力等,都是创业能否成功的关键性因素。工作室对学生创业能力的培养,要贯穿于日常工作的开展中。在工作室日常管理制度中,会明确规定创业学生的选拔标准、创业学生的团队管理、例会和以老带新等相关制度,目的在于加强对创业学生各项能力的培养。

31.3.4 企业师傅运营指导

大学生进行创业,往往由于经验不足而导致项目运营失败,创业项目夭折。为了提高创业项目的成功率,大学生创业工作室可以通过多种途径,为创业项目提供运营指导。学校应以工作室为依托连接企业项目,将企业师傅引进工作室进行创业指导,因为企业师傅在学生实践能力的培养上有丰富的经验。

31.4 "师生同创"工作室的预期成果

良好的预期,对于更好地开展师生同创工作室建设工作,起着非常重要的作用。工作室具体预期成果如下。

31.4.1 形成一套以工作室为平台的、完备的、可行的大学生创业能力培养模式

在以工作室为平台的创业能力培养过程中,要从学校专业和企业职业两个方面,对学生进行创业能力的培养。工作室是一个平台,学校教师、企业师傅和创业学生都汇聚到这个平台上。通过学校教师专业知识的培养,学生打下了理论基础;通过企业师傅的实际指导,学生学会了企业运营的

实践操作。工作室要在整个实践磨合的过程中,启蒙学生的创业意识,提升学生的创业能力,进而在工作室制下探索出一条合理、可行的创业能力培养模式。

31.4.2　形成规范的工作室制度

工作室是师生进行创业的平台,主要是利用学生的课余时间进行创业活动,要想取得较好的创业效果,必须对学生进行严格的管理,在工作室的使用过程中形成一套合理的管理制度。具体形式基本上采用教师主导、学生自治的管理方式,制定一系列规章制度。工作室要根据不同年级学生的课表,严格制定作息制度、轮班制度、周例会制度以及奖惩制度等;应充分提高工作效率,杜绝懒散、消极的心态出现,对于创业实践应及时进行总结,以此来提高每个人的积极性。

31.4.3　形成合理的创业大学生选拔标准

创业活动是一项对创业者各项能力要求较高的活动,不是人人都能成功的。因此,在创业学生的选拔过程中,要制定相关的标准,并设置面试环节,重点考查学生创业意识、创业能力、职业能力和在面试过程中的语言组织、语言协调和表达等相关能力,择优录取,增加创业成功的可能性。

31.5　师生同创工作室培养案例分析(启航创业工作室)

启航创业工作室在践行师生同创工作室发展理念的过程中,涌现了一批实际案例,下文对其进行简要介绍。

31.5.1　工作室介绍及其业务内容

启航创业工作室成立于 2018 年 10 月,指导教师为电子商务专业课教师。该教师多年从事电子商务专业课的教学工作,积累了丰富的理论知识和实践经验,对于开展产品网络销售(内贸和外贸)有一定的研究,与从事相关工作的企业有密切的接触。工作室有一个学生团队,成员包括陈尧、王子瑞、王传彰、姜世龙、朱广杰、孙鹏、谭亮亮、卞小妹等八名同学。学生团队呈阶梯结构,其中 2017 级电商专业的学生四名、2018 级电商专业的学生四名。这八名学生对创业有浓厚的兴趣,认真好学。工作室开展了多个项目,主要与企业合作进行网络店铺的开设、装修及简单的运营等。

工作室主要业务依托于面向学生开设的课程(电商基础知识、视觉营销、网店美工、网店运营、网络营销、跨境电商、移动电商等),主张学以致用、学做结合。工作室主营业务包括:淘宝店铺、1688 店铺的开设、装修、运营管理及客服;网店图片的拍摄、设计和制作;产品传统业务网络营销渠道的选择及设计;为店铺、企业等传统业务设计网络营销方案;跨境电商店铺、平台的运营及管理(包括速卖通)。

31.5.2 开展业务介绍

启航创业工作室自成立以来,先后与青岛贵全贸易有限公司、青岛青松机电制造有限公司、青岛铭佳顺电子商务公司进行了合作,主要方式为组建学生团队参与公司各项业务,在整个过程中指导教师承担辅助指导、协调洽谈等工作,学生主要跟随公司业务人员按照公司的要求进行业务操作。

青岛贵全贸易有限公司的主营业务包括美妆的外贸出口和内贸销售,工作室主要承接内贸中嫁接睫毛的网店销售工作。企业致力于打造精致的网络销售店铺,因此对于店铺的开设和装修要求极高。一开始,企业想把店铺开设装修及运营工作完全交给学生来做,但学生递交的产品设计图片和网店装修模板表明,学生的操作水平还存在一定的欠缺,图片的设计不能完全满足企业的要求,在短期内达到较高的水平还有一定的困难,需要不断地摸索和练习才会提升能力。因此,学生平时在工作室进行图片设计和店铺运营等相关知识的学习与练习,帮助企业进行营销。为了促进产品的销售,企业借鉴当今新的营销方式,通过建立粉丝群和拍摄短视频的方式进行新媒体营销,力求达到较好的营销效果。学生在邀请粉丝和视频制作上发挥自己的积极性,工作取得了较好的效果。在"双 11"营销中,企业店铺也取得了可观的销售业绩。在上述参与企业活动的过程中,卞小妹充分发挥自己的积极性,借助于自身之前的创业经历,能够很快完成粉丝群的创建工作,并负责粉丝的维护工作,表现十分突出。

青岛青松机电制造有限公司是一家青岛本地的木工机械研发生产企业,其生产基地位于青岛市王台镇,那里是青岛地区木工机械的聚集地。该企业一直进行传统营销,通过电话和现场接订单、发展代理商等方式进行经营。在网络的影响下,企业想借助工作室完成自己的网上业务。工作室老师和成员共同研究,给企业提供了比较完善的网络推广方案,包括 1688

店铺的开设、淘宝店铺的宣传和利用搜索引擎进行网上推广等。由于规模、资金等条件的约束，企业暂时只进行 1688 店铺的简单操作。网络营销方案的设计工作，主要由团队成员陈尧来完成。陈尧借助自有家庭企业的相关经验和自身所学，帮助青岛青松机电制造有限公司完成了网络营销推广方案。工作室成员卞小妹主要负责该公司的产品网络推广，进行网络相关信息的搜集、发布以及店铺的网络化运作。

青岛铭佳顺电子商务公司是青岛西海岸新区本土的一家跨境电商企业。公司经理 2012 年前后开始涉足跨境电商领域，积累了丰富的跨境电商经验。作为企业导师，他认真细心地为团队成员进行电商知识的讲解和答疑，并安排学生去公司进行现场操作，为学生培养创造了良好的环境，学生的操作能力得到了迅速提升。公司采用速卖通平台销售国内各品牌商品，包括服装鞋帽、五金制品、宠物食品等，品类较多。学生在创业工作室系统地学习了店铺操作知识及各项实际问题的解决方法，涉及店铺的登录、产品上传、图片制作、商品选择、沟通交流、店铺维护、顾客管理和售后服务等，受益匪浅，跨境店铺的操作能力得到了很大的提升。在整个过程中，卞小妹受到了公司经理高度的重视和表扬。目前，她已成为公司的兼职员工，正在一步步积累自己的创业经验。

31.6　相关问题反馈

工作室的成立，本身是教师教学和学生学习在实践操作方面的尝试，目的在于促进教师教学理论和实践操作之间进行有机的结合，锻炼学生的实际操作能力，帮助学生开展创业实践活动。在工作室各项工作推进的过程中，以下问题是理论课教师在教学过程中应特别重视的。

31.6.1　学生理论知识掌握不牢靠，动手操作能力差

相关课程实际上在课堂上已经开设过，教师也让学生动手操作过。但是，学生在帮助企业进行店铺设计和图片设计的过程中，依然没有凸显自己的专业水平和优势，企业往往对作品不认可，在实际中应用也较少。学生的电商专业知识，在实践应用中缺乏灵活性。

31.6.2　学生协调配合能力不强，缺乏吃苦耐劳精神

学生在协助企业进行业务操作时显得茫然。企业要求学生进行网络推广，学生甚至不知道如何进行网络推广，简单有效的营销方式也很难提出来。这充分说明了学生知识结构中知识和理论的脱节。进行跨境店铺运营时，学生缺乏敬业精神，对于自己不能很好掌握的技能缺乏练习，进步较慢；在遇到困难时容易退缩，缺乏吃苦耐劳的精神。

31.6.3　成员停留在专科阶段，学生基础存在差距

学生的创业活动是在实际业务水平可以保证的前提下进行的，工作室也不希望学生只是做些简单、没有技术含量的重复性工作。因此，学生的进步还需要经过一定时间的磨炼才能有较好的效果。在实践中有的学生表现出十分优秀的创业精神，对自己严格要求，对于每天固定的工作任务都能够很好地完成和记录。

31.7　优秀学生的创业心得——卞小妹的创业心得

作为启航创业工作室的一员，我觉得大学生在创业的时候，先要树立一个明确的目标，即务必要明确自己想做成一件什么事，因为有了目标才不会迷失方向。创业不容易，要创业成功更不容易，创业不是想象得那么简单。有句话说："不经历风雨，怎么能见彩虹？"在学校积极鼓励学生创业的大环境影响下，我也开始了自己的创业旅程。我有过两次创业经历，也积累了一定的经验。

首先，我觉得创业需要基础，只有把基础打好，才能长久地发展下去。我第一次做的是微商。拿微商来说，要做好最重要的就是人脉和粉丝互动，哪怕基础人脉多，不去维护也不行，相当于"死粉"，跟微友互动的目的就是跟微友做朋友，从顾客的角度去给他解决问题，建立信任基础。基础做好了，才可能会有稳定的发展。

其次，心态也是很重要的。一个好的心态和一个坏的心态，带来的最终结果是不一样的。对于创业来说，不应该只是一时的

冲动,而应该好好地完成考虑,充分地了解你想去做的事,完成好前期的准备。创业的道路不可能是一帆风顺的,面对困难,应该想办法去解决,找导师交流沟通,毕竟刚创业的学生经验不足。不管做什么事,都需要积累经验,不要在同一个地方跌倒两次。

我做微商也不是一帆风顺的,大概半年后才开始慢慢变好,其间我也想过放弃,但是想想自己的初衷,还是坚持了下去。毕竟是自己选择的,我内心还是不想放弃。我给自己定了目标,每天必须完成这件事,哪怕自己做不到很多,也要给自己设立一个小目标,不管结果怎么样,最起码我努力过,不后悔。微商不像上班有着稳定的工资,出单的数量决定自己收入的高低,也有很多技巧的学习。大学的空闲时间很多,所以我选择了创业,充分利用自己在学校期间所积累的经验优势、人脉等,在一些资金不多却有能力去做的创业项目上开展自己的事业。

创业还需要一个好的团队。因为一个人的能力、想法、经历等,都是有限的,自己单打独斗不可能超过一个团队所取得的成绩,在团队里面可以各取所需,取长补短,互相交流学习。我学的是电子商务,参加了学校老师组建的一个创业工作室,工作室的业务内容从内贸到外贸,从设计修图到电商运营,很多业务都涉及。一路走来,我对跨境电商比较感兴趣,通过一段时间的学习,有了一定的电商知识储备;通过去企业实践锻炼,也积累了一点经验。学习的过程充满了希望,也有很多的障碍。凭着自己的一腔热血和激情,我勇敢地坚持了下去。既然选择了,那就要好好地做下去,人一开始都是一张空白的纸张,需要自己慢慢去谱写。我经常告诫我自己,学得越多懂得越多。我也很愿意接触更多的新鲜事物,并在自己能力许可的基础之上坚持下去。创业的道路不可能一帆风顺,或许生活中会有各种因素影响着你,但只要坚持了自己的想法,认真地走下去,就一定会得到不一样的结果,心态决定一切。在创业工作室的一年多时间里,我学会了跨境电商运营的相关操作,能够独立地运营自己的店铺,借助于相关工具可以无障碍地与国外客户进行真诚的沟通和交流,不仅学会了客户管理的方法,也掌握了选择商品和上传商品的技巧;同时,我还感受到团队的力量,只有大家一起努力,很多难题才会迎刃而解。

团队的建设和管理也是一门很大的学问,是创业过程中不可或缺的一项能力。在整个过程中,特别感谢自己的老师和在企业锻炼的经历,老师为我指点了迷津。我相信这在我今后独立创业的道路上将会起到关键性的作用。

通过创业,我学到了很多东西,不仅仅是专业知识,还有很多为人处世的道理,我明白了真诚的合作会带来意想不到的结果。这极大地丰富了我的大学经历,让我在内外压力增加的同时,也上了必不可少的一课,并使其他各项技能得到了很大程度的提升。

启航创业工作室有关大学生创业能力培养的实践探索,完全基于"院园合一"校企协同育人机制下的师生同创工作室模式,既坚持了"专创"融合理念,又发扬了团队合作精神,在工作室载体的多功用发挥上产生了一定的成效,不仅为今后老师们的"双创"实践教育和应用型人才培养树立了榜样,也为学生的创新意识增强和创业能力提高积累了宝贵经验。

参考文献

[1] [日]稻盛和夫. 活法[M]. 周庆玲,译. 北京:东方出版社,2013.

[2] [美]肯·布兰佳,[美]保罗·梅耶,[美]迪克·卢赫. 知道做到[M]. 刘祥亚,宋云鹏,译. 广州:广东经济出版社,2015.

[3] [美]夸美纽斯. 大教学论[M]. 傅任敢,译. 北京:教育科学出版社,2014.

[4] [美]罗伯特·迪尔茨. 卓越元素[M]. 伍立恒,译. 北京:北京联合出版公司,2018.

[5] [美]马克·欧文,[美]凯文·莫勒. 协同:如何打造高联动团队[M]. 陶亮,译. 北京:中信出版社,2019.

[6] [法]皮埃尔·布迪厄. 实践与反思:反思社会学导引[M]. 李猛,李康,译. 北京:中央编译出版社,1998.

[7] [美]特伦斯·谢诺夫斯基. 深度学习[M]. 姜悦兵,译. 北京:中信出版社,2019.

[8] [美]约翰·杜威. 民主主义与教育[M]. 陶志琼,译. 北京:人民教育出版社,1990.

[9] 艾朝君. 重新定义互联网电商:打造开放共享网络新生态[M]. 北京:人民邮电出版社,2017.

[10] 白万纲. 互联网化战略构建[M]. 上海:东方出版中心,2016.

[11] 蔡先金. 大学治理[M]. 济南:山东人民出版社,2016.

[12] 曹薇. 我国跨境电子商务发展战略研究[D]. 北京:对外经济贸易大学,2015.

[13] 曹阳. 以价值塑造为导向的应用型卓越人才培养模式研究[J]. 中国多媒体与网络教学学报,2019(6):91-92.

[14] 陈长春. 人本商道:如何构建无边界共生社群[M]. 北京:中国商业出版社,2018.

[15] 陈少民. 战略高地[M]. 北京:中国商业出版社,2018.

[16] 程俊英. 图说微课程[M]. 重庆:西南师范大学出版社,2018.

[17] 成思危. 黄炎培职业教育思想文萃[M]. 北京:红旗出版社,2006.

[18] 邓志超. 基于大数据的跨境电商平台选品分析策略[J]. 特区经济,2019(6):135-137.

[19] 杜晓东,孙健,程继贵,等.卓越人才培养过程中的学生表现与能力评估[J].大学教育,2019(5):12-14.

[20] 贺金玉.地方新建本科院校协同创新与协同育人模式研究[M].济南:山东大学出版社,2013.

[21] 胡家秀,郭琳.我国产学合作教育模式研究[J].教育与职业,2004(20):29-30.

[22] 胡世良.互联网+红利时代:传统企业互联网转型实战[M].北京:人民邮电出版社,2015.

[23] 胡世良.互联网+转型的十大思维[J].通信管理与技术,2016(1):36-39.

[24] 胡文静.应用型本科"校内实训+企业工作室"的跨境电商人才培养途径研究[J].商业经济,2019(3):130-131.

[25] 华国振.基于"现代学徒制"的跨境电商人才分类培养实践——以义乌工商职业技术学院为例[J].科技经济市场,2018(6):99-102.

[26] 黄丽娟,李达浩,蒋昭群,黄饶裔."三轮"联动提升电子商务人才培养质量的模式及评价体系[J].广西师范学院学报:哲学社会科学版,2019(3):121-126.

[27] 黄申.大数据架构商业之路:从业务需求到技术方案[M].北京:机械工业出版社,2016.

[28] 贾慧华.应用型本科转型背景下"工作室"管理模式探究[J].智库时代,2019(18):61-62.

[29] 贾学芳.跨境电子商务人才培养问题与对策研究[J].经贸实践,2018(20):199.

[30] 姜大源.职业教育学研究新论[M].北京:教育科学出版社,2007.

[31] 匡霞,徐健锐,杨新,等."工作室制"人才培养模式的探索之路[J].江苏教育,2013(8):28-30.

[32] 赖永辉.企业深度参与、多方共同评价下的校企合作评价体系研究[J].职教论坛,2013(24):20-23.

[33] 李成森.新时代背景下卓越人才培养基本策略研究[J].辽宁高职学报,2019(21):6-9.

[34] 李芳兰.国际商务英语情景口语大全[M].上海:上海交通大学出版社,2016.

[35] 李然,王荣,孙涛．"外贸新业态"背景下跨境电商出口运营现状的深度研究 [J]．价格月刊, 2019(6):38-45.

[36] 李细妹．关于跨境电商校企合作人才培养模式的几点思考 [J]．赤峰学院学报:汉文哲学社会科学版, 2019(3):142-144.

[37] 李向阳．促进跨境电子商务物流发展的路径 [J]．中国流通经济, 2014(10):107-112.

[38] 李鑫,白凌．以"卓越计划"为导向的应用型院校人才培养困境与出路 [J]．教育与职业, 2019(6):42-44.

[39] 李燕,梁忠环．创新创业导向下跨境电商工作室运行模式研究 [J]．北方经贸, 2019(5):149-150.

[40] 林健,曾钰．基于战略联盟的"2011中心"协同机理研究 [J]．国家教育行政学院学报, 2014(6):19-24.

[41] 刘沪波,张静．校企合作"升级版":院园融合 [N]．中国教育报, 2015-01-05(7).

[42] 马永斌,王孙禺．大学、政府和企业三重螺旋模型探析 [J]．高等工程教育研究, 2008(5):29-34.

[43] 倪名扬．产教融合视角下跨境电商工作室培养模式的探析 [J]．生产力研究, 2018(9):106-109.

[44] 潘懋元．船政学堂的历史地位与中西文化交流——福建船政学堂创办140周年纪念 [J]．中国大学教学, 2006(7):14-19.

[45] 彭波．基于全球价值链的外贸发展新模式 [J]．国际经济合作, 2018(9):4-10.

[46] 孙晓男．"工作室制"工学结合人才培养模式研究 [J]．中国成人教育, 2010(6):65-67.

[47] 谭文婷．"一带一路"倡议下培养高校跨境人才的新路径 [J]．求知导刊, 2017(6):59-60.

[48] 陶行知．中国教育改造 [M]．北京:东方出版社, 1996.

[49] 陶颖彦,李影．校企共建工作室培养创新人才的探索与实践——以"同桌的你"学生装研发中心为例 [J]．教育教学论坛, 2017(44):149-150.

[50] 万正发．商务英语专业学生创新创业能力培养研究——基于跨境电商背景 [J]．北方经贸, 2017(12):137-138.

[51] 王芬.地方本科院校跨境电子商务复合应用型人才培养的路径探讨 [J].新校园，2016(10)：40-41.

[52] 王琼.新形势下高校跨境电商人才培养路径研究 [J].温州大学学报：社会科学版，2016(5)：93-98.

[53] 武莹.大学生自主创业困境探究——评《大学生创业问题研究》[J].中国教育学刊，2017(4)：157.

[54] 夏倩鸣.跨境电商产业链发展及对策研究——以杭州跨贸小镇产业园为例 [D].杭州：浙江大学，2017.

[55] 谢睿萍.社会需求为导向的卓越商务人才培养模式研究 [J].创新教育，2019（9）：144-146.

[56] 熊莺,刘林娴.高职商务英语专业人才培养模式改革研究 [J].考试周刊，2016(25)：1.

[57] 许建平,方健."校企校互融、教工学结合"职教师资培养模式探索——以吉林工程技术师范学院自动化专业为例 [J].职业技术教育，2013(5)：67-70

[58] 徐萌萌.中国跨境电商发展的现状及问题研究——基于阿里巴巴的SWOT 分析 [D].合肥：安徽大学，2016.

[59] 徐晓雯.政府科技投入对企业科技投入的政策效果研究——基于国家创新体系视角 [J].财政研究，2010(10)：23-26.

[60] 杨雅芬.高校国贸专业特色人才培养模式探究——以跨境电商方向为例 [J].杭州电子科技大学学报：社会科学版，2017(5)：69-73.

[61] 杨旸.创新简史：从石斧到爆品 [M].北京：九州出版社，2017.

[62] 杨云峰.高职院校校企合作培养模式的研究与实践 [J].中国职业技术教育，2013(24)：89-92.

[63] 易凌云.互联网教育与教育变革 [M].福州：福建教育出版社，2018.

[64] 易露霞,尤聪.跨境电子商务双语教程 [M].北京：清华大学出版社，2019.

[65] 尹娟,郭进.新常态下应用型本科人才培养质量评价体系研究 [J].教育教学论坛，2019(34)：252-254.

[66] 曾雪梅.商务英语专业跨境电商创新创业人才培养路径探索 [J].宿州教育学院学报，2018(4)：96-99.

[67] 张春梅,梁忠环."院园合一"校企协同培养应用型人才实践研究 [J]. 高教学刊, 2018(14):158-160.

[68] 张厚吉. 新建本科高校科研方向与选题依据 [J]. 山东英才学院学报, 2012(6):3-7.

[69] 张起. 互联网创业:思维、方法、技巧与实践 [M]. 北京:清华大学出版社, 2016.

[70] 张少茹,袁嫣. 基于工作室的跨境电商人才培养模式探究 [J]. 现代商贸工业, 2018(10):88-89.

[71] 张旺峰. 大学生创业问题与对策研究——以湖北省为例 [J]. 湖北社会科学, 2017(4):58-63.

[72] 张香兰. 大学生创新创业基础 [M]. 北京:清华大学出版社, 2018.

[73] 张玉. 以大赛为依托的创新工作室式高职教育培养模式研究 [J]. 中外企业家, 2019(18):184.

[74] 赵国栋. 数字生态论 [M]. 杭州:浙江人民出版社, 2018.

[75] 赵新峰,协同育人论 [M]. 北京:人民出版社, 2013.

[76] 郑苏娟. 基于校企合作的跨境电商工作室运行和管理模式研究 [J]. 中小企业管理与科技, 2018(9):83-84.

[77] 周向军. 基于"导师学长工作室制"的人才培养模式评价考核机制的研究 [J]. 职业, 2019(4):60-62.

[78] 周叶. 商务英语人才培养的创新模式研究——以跨境电商为背景 [J]. 才智, 2017(25):14-17.

[79] 周玥. 产学研协同视角下跨境电子商务人才发展战略研究 [J]. 今日财富, 2019(7):163.

[80] 朱青. 对"互联网+"背景下商务英语专业学生创新创业能力培育的研究 [J]. 智富时代, 2018(8):237.